本书受到国家自然科学基金青年项目"内部社会资本与心理所有权对研发团队成员创造力的跨层次影响机理与实证研究"（项目编号：71502016）、辽宁省科技厅软科学项目"建设'沈大国家自主创新示范区'可行性研究"（项目编号：2014401039）的资助

内部社会资本、
知识螺旋与产品创新

Internal Social Capital，Knowledge Spiral and Product Innovation

戴万亮 著

中国社会科学出版社

图书在版编目（CIP）数据

内部社会资本、知识螺旋与产品创新／戴万亮著. —北京：中国社会科学出版社，2015.6

ISBN 978 – 7 – 5161 – 6374 – 0

Ⅰ.①内…　Ⅱ.①戴…　Ⅲ.①企业管理—研究　Ⅳ.①F270

中国版本图书馆 CIP 数据核字（2015）第 137967 号

出 版 人	赵剑英
责任编辑	田　文
特约编辑	陈　琳
责任校对	张爱华
责任印制	王　超

出　　版	中国社会科学出版社
社　　址	北京鼓楼西大街甲 158 号
邮　　编	100720
网　　址	http：//www. csspw. cn
发 行 部	010 – 84083685
门 市 部	010 – 84029450
经　　销	新华书店及其他书店

印　　刷	北京君升印刷有限公司
装　　订	廊坊市广阳区广增装订厂
版　　次	2015 年 6 月第 1 版
印　　次	2015 年 6 月第 1 次印刷

开　　本	710 × 1000　1/16
印　　张	12. 25
插　　页	2
字　　数	210 千字
定　　价	46. 00 元

凡购买中国社会科学出版社图书，如有质量问题请与本社营销中心联系调换
电话：010 – 84083683

序

随着知识经济时代的到来和逐步深入，知识对于组织的重要性已然超过物力资本、财力资本和人力资本，成为企业技术创新最关键的资源。组织内部知识的有效传播需要彼此间的沟通、联系、信任以及拥有共同的价值观。

基于资源基础理论、社会资本理论、知识管理理论和创新理论，借鉴"场"的思想，构建了企业内部社会资本、知识螺旋与产品创新三者之间关系的理论模型，并利用统计软件 SPSS13.0 及 AMOS7.0 进行实证分析，检验三者之间的关系与知识螺旋的中介效应。创新性研究结论主要包括以下几个方面：

第一，将创新价值链理论引入创新评价体系，从创新的创意产生、创意转化和创意扩散三个维度衡量产品创新，并通过实证研究验证了其适宜性。创意产生积极影响创意转化，创意转化进一步积极影响创意扩散。

第二，引入知识螺旋理论，构建了内部社会资本三个维度、知识螺旋、产品创新价值链之间的关系路径模型，从内部社会资本的三个维度分别考察其与产品创新价值链和知识螺旋的关系。其中，结构维度对产品创新价值链没有直接影响，但积极影响知识螺旋；认知维度对创意产生和创意扩散没有积极影响，但积极影响创意转化及知识螺旋；关系维度仅积极影响创意产生，但对创意转化、创意扩散和知识螺旋没有直接影响。

第三，研究并验证了知识螺旋的中介效应。其中，知识螺旋在结构维度与创新价值链三维度关系中均存在完全中介效应；知识螺旋在认知维度与创意产生及创意扩散关系中均存在完全中介效应，而在认知维度与创意转化关系中存在部分中介效应；知识螺旋在关系维度与创意产生关系中存在部分中介效应，在关系维度与创意转化关系中不存在中介效应，在关系维度与创意扩散关系中存在完全中介效应。

2　内部社会资本、知识螺旋与产品创新

通过中国本土化数据实证研究，验证了内部社会资本、知识螺旋、产品创新价值链三者之间的作用机理，丰富了社会资本理论、知识管理理论和创新理论，并为我国企业内部社会资本管理、知识管理和产品创新管理提供了本土契合度较高的操作框架。

目　　录

第一章　绪论 ……………………………………………………… (1)

　　第一节　研究背景、目的及意义 ……………………………… (1)

　　　一　研究背景 ………………………………………………… (1)

　　　二　研究目的 ………………………………………………… (4)

　　　三　研究意义 ………………………………………………… (5)

　　第二节　主要创新点 …………………………………………… (7)

　　第三节　研究方法与技术路线 ………………………………… (8)

　　　一　研究方法 ………………………………………………… (8)

　　　二　技术路线 ………………………………………………… (9)

　　第四节　研究内容与结构安排 ………………………………… (10)

第二章　文献综述 ……………………………………………… (12)

　　第一节　社会资本与创新关系研究综述 ……………………… (12)

　　　一　外部社会资本与创新关系研究综述 …………………… (13)

　　　二　内部社会资本与创新关系研究综述 …………………… (17)

　　　三　社会资本与创新关系研究热点与前沿知识图谱 ……… (20)

　　第二节　内部社会资本与知识关系研究现状 ………………… (24)

　　第三节　知识与创新关系研究综述 …………………………… (26)

　　第四节　对已有文献的简要评述 ……………………………… (30)

第三章　理论基础与理论模型构建 …………………………… (31)

　　第一节　理论基础 ……………………………………………… (31)

　　　一　资源基础理论 …………………………………………… (31)

　　　二　社会资本理论 …………………………………………… (36)

  三 知识管理理论 …………………………………………… (39)

  四 创新理论 ………………………………………………… (44)

  五 "场"的思想 …………………………………………… (50)

 第二节 理论模型构建 ……………………………………… (50)

  一 理论拓展 ………………………………………………… (50)

  二 理论模型构建 …………………………………………… (52)

第四章 研究框架 ……………………………………………… (54)

 第一节 内部社会资本三维度的关系框架及研究假设 ………… (54)

  一 结构维度与认知维度的关系及研究假设 …………… (55)

  二 结构维度与关系维度的关系及研究假设 …………… (56)

  三 认知维度与关系维度的关系及研究假设 …………… (57)

 第二节 内部社会资本与产品创新的关系框架及研究假设 …… (58)

  一 结构维度与产品创新的关系及研究假设 …………… (58)

  二 认知维度与产品创新的关系及研究假设 …………… (59)

  三 关系维度与产品创新的关系及研究假设 …………… (60)

 第三节 内部社会资本与知识螺旋的关系框架及研究假设 …… (61)

  一 结构维度与知识螺旋的关系及研究假设 …………… (62)

  二 认知维度与知识螺旋的关系及研究假设 …………… (64)

  三 关系维度与知识螺旋的关系及研究假设 …………… (66)

 第四节 知识螺旋与产品创新的关系框架及研究假设 ………… (68)

  一 知识螺旋与创意产生的关系及研究假设 …………… (69)

  二 知识螺旋与创意转化的关系及研究假设 …………… (71)

  三 知识螺旋与创意扩散的关系及研究假设 …………… (72)

 第五节 产品创新价值链三维度的关系框架及研究假设 ……… (74)

 第六节 知识螺旋的中介效应分析框架及研究假设 ………… (75)

 第七节 待检验研究假设汇总 ……………………………… (77)

第五章 研究量表设计与小样本检验 ………………………… (80)

 第一节 实证研究流程 ……………………………………… (80)

 第二节 测量条款的产生 …………………………………… (81)

  一 内部社会资本的初始测量条款 ……………………… (81)

　　二　知识螺旋的初始测量条款 ………………………………（82）

　　三　产品创新的初始测量条款 ………………………………（85）

　　四　控制变量的初始测量条款 ………………………………（86）

　第三节　小样本检验 …………………………………………（86）

　　一　小样本数据描述 …………………………………………（87）

　　二　初始测量量表的信度分析 ………………………………（88）

　　三　初始测量量表的探索性因子分析 ………………………（94）

第六章　样本描述与假设检验 …………………………………（100）

　第一节　数据收集 ……………………………………………（100）

　第二节　数据描述 ……………………………………………（102）

　　一　调查样本企业层面描述性统计 …………………………（102）

　　二　调查样本个人层面描述性统计 …………………………（104）

　　三　测量条款描述性统计 ……………………………………（105）

　第三节　模型适配度指标 ……………………………………（108）

　第四节　量表的信度与效度分析 ……………………………（110）

　　一　同质性信度分析 …………………………………………（110）

　　二　内容效度分析 ……………………………………………（116）

　　三　聚合效度分析 ……………………………………………（117）

　　四　判别效度分析 ……………………………………………（123）

　第五节　整体结构方程模型及假设检验 ……………………（126）

　　一　控制变量的影响分析 ……………………………………（126）

　　二　内部社会资本、知识螺旋与产品创新的路径关系

　　　　检验 …………………………………………………………（132）

　第六节　结果讨论 ……………………………………………（142）

　　一　假设检验汇总 ……………………………………………（142）

　　二　内部社会资本三个维度的关系 …………………………（143）

　　三　内部社会资本与产品创新的关系 ………………………（144）

　　四　内部社会资本与知识螺旋的关系 ………………………（146）

　　五　知识螺旋与产品创新的关系 ……………………………（146）

　　六　产品创新价值链三个维度的关系 ………………………（147）

　　七　知识螺旋的中介效应 ……………………………………（147）

第七章 研究结论与未来展望 ·················· (149)

第一节 主要研究结论 ·················· (149)

第二节 理论贡献与实践启示 ·················· (151)

　　一 理论贡献 ·················· (151)

　　二 实践启示 ·················· (152)

第三节 未来研究展望 ·················· (152)

　　一 本研究的局限性 ·················· (153)

　　二 未来研究展望 ·················· (153)

附录 调查问卷 ·················· (155)

参考文献 ·················· (159)

跋 ·················· (185)

第一章 绪论

本章首先介绍本研究的研究背景，指出创新对企业、区域乃至国家的重要意义，以及知识在创新中的重要作用，并且阐述社会资本对于企业创新，特别是中国企业创新的重要意义；在此基础上，提出本研究的研究目的和研究意义，即讨论企业内部社会资本通过知识螺旋对产品创新的影响；其次，指出本研究的主要创新之处；最后，介绍本研究拟采用的研究方法和技术路线，并在此基础上构建本研究的研究内容和结构安排。

第一节 研究背景、目的及意义

一 研究背景

"科技是国家强盛之基，创新是民族进步之魂。"经过100年的发展，创新对企业、区域乃至国家的重要性已经得到共识，特别是在如今市场瞬息万变、消费者要求不断提高以及技术更新换代加剧等复杂环境下，创新甚至关乎一个组织的生死存亡。不创新便灭亡已经不再是耸人听闻。同时，在这种复杂环境下，知识对于组织的重要性已然超过物力资本、财力资本和人力资本。特别是隐性知识，由于其不可表述性及高价值性，更是组织创新不可或缺的因素。而组织内部知识的有效传播需要彼此间的沟通、联系、信任以及拥有共同的价值观。

随着全球化的进一步深入，创新对于企业、区域乃至国家的重要性越来越强。创新已经成为经济增长、产业发展、企业生存和基业长青乃至国家兴旺发达的主要源泉。党的十八大提出："科技创新是提高社会生产力和综合国力的战略支撑，必须摆在国家发展全局的核心位置。"知识创新是技术创新的基础，是新技术和新发明的源泉，是促进科技进步和经济增长的革命性力量。党的十八大同时提出："完善知识创新体系，强化基础研究、前沿技术研究、社会公益技术研究，提高科学研究水平和成果转化能力，抢占科技发展战略制高点。"十八届三中全会通过的《中共中央关于全面深化改革若干重大问题的决定》中明确指出，要"强化企业在技术创新中的主体地位，发挥大型企业创新骨干作用，激发中小企业创新活力，推进应用型技术研发机构市场化、企业化改革，建设国家创新体系"。

市场的发展，决定了一切围绕市场的有形物品和无形思想必须要适应市场的发展取向，只有这样才可以在市场发展过程中保持市场竞争力。2004 年普华永道咨询公司对全美具有高成长性企业的 407 家产品和服务公司的调查结果显示，令他们超越其竞争对手的本质原因是创新。苹果公司从一家设备厂商转型为移动平台的领导者，并成为通过设计协调一个创新生态系统成为硅谷新的赚钱机器，最主要的原因在于乔布斯及其团队的创新。iPhone 手机的面世能够引起广大消费者的高度追捧，也正是其敏锐捕捉市场信息并大胆创新的必然结果。

近年来，在国家政策的大力引导下，以及企业自身对创新认识的逐渐加强，我国企业技术创新发展迅速，并取得了一定的创新成果，也造就了一些成功创新的典型，如 IT 行业的华为、汽车行业的吉利以及航空航天产业的创新。但是，我们还应清楚地看到，很多企业的创新是基于技术模仿和技术引进的，自己创新的东西很少，这可能会给企业带来客观的短期收益，但从长期来看，企业无法持续发展，同时也给我国的持续竞争力带来了极大的挑战。长期以来，我国实施技术引进战略，其收效快、成本低、风险小，据统计，仿制所需的时间仅为独立研究开发时间的五分之一；所需经费为独立研究开发的三十分之一。因此，技术引进战略为特定时期企业发展和国家经济增长作出了积极的贡献，但是这种低层次、低附加值的创新行为的弊端已经逐渐显现，主要表现在技术依赖导致技术水平永远落后于技术输出方。从长远看，过多地依赖技术引进或陷入技术落差陷阱，势必逐渐削弱企业科技队伍的创新能力，最终使企业亏损，其至对国家经济造成不利影响。因此，自主创新成为我国企业其至整个经济发展必须面对也必须积极应对的命题。

创新涉及创意产生、创意转化和创意扩散三个部分，每一个部分无不是知识作用的结果。知识的存量以及新知识的获得与整合可以为创意的产生奠定基础；同时，彼此间的知识共享可以促进彼此间的沟通交流，从而可以选出最优的创意方案，并且，知识共享可以减少创意开发阶段由于信息不对称产生的摩擦或延误，可以避免由于理解不同导致的流水线互相脱节；在知识充分共享条件下生产出的产品与现实需求差距相对较小，而且彼此间的知识交流与共享可以拓宽创新扩散的思路。可以说，创新的每一个环节都涉及新旧知识的交互与更迭，涉及知识的获得、整合、共享、利用乃至创造。

知识经济时代，技术创新的本质在于知识创新，技术创新的实现本质上是以知识转化和知识螺旋为特征的知识创新。知识创新是技术创新的基础和源泉，技术创新则是知识创新的延伸和落脚点。无论哪一种技术创新从本质上说都包含着知识创新的影子，可以说知识创新孕育了技术创新。随着知识经济时代的到来和逐步深入，知识成为企业技术创新最关键的资源。仍然以苹果公司为例，其创新的成功是由于知识的卓越利用。在创意产生阶段，苹果公司拥有优于竞争者的知识储备，并且个人之间知识交流频繁；在创意转化阶段，通过知识交流，经过严格的创意筛选形成待开发创意投入研发，同时以不断的知识共享、整合为基础，并且研发部门与市场部门及其他部门等充分合作，迅速准确地研制出以 iPhone 和 iPad 为代表的创新产品；在创意扩散阶段，充分利用与整合营销人员关于市场的知识，从而扩大扩散渠道。

社会资本对于企业，特别是中国企业的作用，已经得到广泛的认可。正如前文所言，随着全球化的深入蔓延及知识经济的深入发展，企业创新的焦点已经从控制静态资源及被动的技术模仿转为动态知识的利用及主动自主创新上。买方市场的形成，消费者需求和市场竞争环境的瞬息万变，使得企业必须通过不断激励组织内外部显性知识和隐性知识的转移与整合来促进知识创造能力，从而提高创新能力以获取持续竞争优势。然而，创新以及创新所涉及的知识管理活动都十分复杂，需要适宜的孕育环境才能产生。这种适宜的环境包括企业内部环境和外部环境两个方面。外部环境方面，企业面临的竞争环境以及市场需求的不断变化，使得企业与其供应链上下游之间的关系显得尤为重要，不能及时准确地把握市场需求便不能创造出满足市场的产品和服务，而不能与供应商建立良好的协调机制便不能及时应对市场变化提出的新需求。内部环境方面，如果企业内部部门与部门之间、员工与员工之间不能有效地合作，即使能够敏锐地察觉到市场机会与威胁，也不能充分发挥自身的优势。内外部环境的建设需要制度支撑，可是对于中国企业来说，制度还处于不断完善之中，现代企业制度也刚刚起步，这样非正式的制度约束将扮演更加重要的角色。基于网络和关系的战略是中国企业所能采取的最好的生存和发展战略。中国的传统文化使得关系（guanxi）资产对于人际交往乃至企业创新的重要性不容忽视。由于深入到企业内部运作，内部社会资本尤为重要。

自社会资本理论提出以来，很多学者从不同角度展开了丰富的理论研究，有很多学者探讨了社会资本对创新的影响。国内外学者主要从内外部社会资本对创新影响展开研究。无论是定性研究还是定量研究，研究结果基本上支持社会资本对创新有着积极的影响，社会资本可以促进创新成本下降、风险降低、绩效提高等。其中外部社会资本对于创新的主要作用在于促进资源共享、减少新产品开发时间、优化创新决策、提高创新绩效等。也有研究表明，外部社会资本对创新绩效影响并不显著甚至是显著的负面影响；内部社会资本方面，主要研究的焦点在于提高内部资源利用效率、提高 R&D 团队的生产效率、优化创新机会选择、提高创新绩效等方面。

二 研究目的

本研究目的在于探讨并验证企业内部社会资本三维度对产品创新三维度的不同影响，并探索知识螺旋在企业内部社会资本三维度对产品创新三维度关系中的中介效应，即探索并验证企业内部社会资本通过知识螺旋对产品创新的影响机制，以期激励企业培育良好的社会资本，进而促进企业内隐性知识和显性知识的转化与螺旋，并最终更好地促进产品创新市场化实现，构建持续竞争优势，实现企业可持续发展，并为我国企业更好地进行创新提供社会资本视角的理论依据。具体目标分解如下。

首先，明确企业内部社会资本三维度的逻辑关系。基于 Nahapiet 和 Ghoshal（1998）对社会资本的分类方法，本研究将企业内部社会资本分为三个维度加以研究，即结构维度、认知维度和关系维度。基于前人文献研究结果，假设三个维度之间的路径关系，并通过实证研究对企业内部社会资本三维度之间的路径关系加以验证。

其次，验证企业内部社会资本三维度对产品创新不同维度的影响。基于 Nahapiet 和 Ghoshal（1998）的社会资本划分方法以及 Hansen 和 Birkinshaw（2008）的创新价值链理论，分别构建社会资本结构维度、认知维度、关系维度对产品创新的创意产生、创意转化、创意扩散的路径影响，并通过实证研究对其加以验证。

再次，探讨企业内部社会资本三维度对知识螺旋的影响。基于 Nahapiet 和 Ghoshal（1998）的社会资本划分方法以及 Nonaka 和 Takeuchi（1995）的知识螺旋理论，分别构建社会资本结构维度、认知维度、关系维度对知识螺旋的路径影响，并通过实证研究对其加以验证。

复次，研究知识螺旋对产品创新三维度的影响。基于 Nonaka 和 Takeuchi（1995）的知识螺旋理论以及 Hansen 和 Birkinshaw（2008）的创新价值链理论，分别构建知识螺旋对产品创新创意产生、创意转化、创意扩散的路径影响，并通过实证研究对其加以验证。

最后，剖析知识螺旋在企业内部社会资本与产品创新关系中的中介作用。在上文的分析基础上，本研究提出企业内部社会资本通过影响知识螺旋进而影响产品创新的路径机理，并通过实证研究对其加以验证。

三　研究意义

（一）理论意义

社会资本、知识螺旋和产品创新都是理论研究的热点问题，本书将三者有机地联系起来。由于社会资本度量的困难，对社会资本的定量研究近几年才开始出现，但现有研究多比较笼统；知识螺旋，作为知识管理的重要组成部分，尚处于理论研究的起步阶段，现有的实证研究并不多见；自从熊彼特创新理论的提出，对创新的研究一直是理论界乐此不疲的热点问题，而产品创新则一直是理论研究的一个热点。具体来看，本研究的理论意义主要包括以下几点。

首先，基于创新价值链理论构建产品创新评价指标体系，为后续产品创新实证研究提供一些参考。关于创新的评价多从创新绩效的过程展开研究，很少有研究涉及创新"黑箱"里面的具体内容。创新价值链的提出打开了创新"黑箱"。本研究将创新价值链理论用于产品创新评价，为创新研究提供一个新的视角。

其次，探讨社会资本不同维度对知识螺旋以及产品创新三维度的影响，丰富了社会资本与创新关系的研究视角。现有文献对社会资本与创新关系的研究多从一个整体构念上考察社会资本，忽视了社会资本不同维度之间的关系以及不同维度对产品创新及知识螺旋的影响各不相同的事实。本书试图从结构维度、认知维度和关系维度三个方面考察社会资本对产品创新以及知识螺旋的影响，拓宽了社会资本与创新关系研究的思路。

最后，将知识螺旋引入社会资本三维度与产品创新三维度的关系之中，探索了社会资本影响产品创新的机理路径。基于知识管理视角研究社会资本创新是一个比较新颖的命题，文献逐年增加，但对知识螺旋的中介效应考察较少，特别是不同社会资本对创新影响关系中知识螺旋中介效应的考察尚未见到。本研究将知识螺旋引入社会资本三维度与产品创新价值链关系之中，加强了社会资本与创新关系研究的研究深度。

（二）现实意义

传统意义上，企业的资本主要包括物力资本、财力资本和人力资本。无论从企业经济视角还是财务管理视角，这三种传统资本是研究分析的主要对象。然而，随着资源开发技术的极大进步、融资渠道的逐步完善以及人力资源数量和素质的大幅度提高，使得这三种传统资本的获得难度日益降低，从某种程度上说，甚至不再是稀缺资源。社会资本已被列为影响企业竞争力和经济发展的第四种资本，其对信息的获取、甄别、选择和使用尤为重要，是决定技术创新的内部转移速度和外部模仿速度的关键因素。可以说，将社会资本理论引入经济学领域研究创新是现实的需求，也是企业追求持续的核心竞争力和竞争优势的必然选择。同时，知识对于企业创新乃至生存发展至关重要，对比 Schumpeter 关于创新的定义，可以毫不夸张地说，创新实质上是知识的重新组合。"创新是一个民族进步的灵魂，是一个国家兴旺发达的不竭动力。"在这个日新月异的时代，创新的重要性毋庸置疑。但是，我们也必须看到，创新的效率仍然很低，中国企业更是如此，所以，如何创新，如何更好地创新是企业、政策制定者始终面临的问题。本研究的现实意义主要包括以下三方面。

第一，社会资本的营造问题。本研究分析了社会资本三个维度之间的关系并加以实证研究，实证研究结果有利于企业营造良好的社会资本。

　　第二，内部社会资本对产品创新的重要性。内因是根本原因，外因通过内引起作用。长期以来，企业更多关注的是与顾客、供应商和政府等利益方关系的建立，而忽视了内部社会资本的重要意义。本书将焦点聚焦于内部社会资本，并通过实证研究得出内部社会资本对产品创新有着直接或间接的影响，从现实的角度说明了内部社会资本对创新的重要作用。

　　第三，知识螺旋的不可或缺。知识分为显性知识和隐性知识，与显性知识相比，隐性知识更难获得，对创新的作用也更大。知识螺旋提供了一个显性知识和隐性知识交互的作用模式。本研究通过实证研究认为，知识螺旋在内部社会资本与产品创新关系中起着中介变量的作用。因此，企业应该多多重视隐性知识，多多营造适于隐性知识转化为生产力的"场"——社会资本。

第二节　主要创新点

　　本研究在对国内外相关文献分析的基础上，基于资源基础理论、社会资本理论、知识管理理论和创新理论研究企业内部社会资本三维度对产品创新价值链的影响机制，并探讨了知识螺旋在企业内部社会资本三维度与产品创新价值链关系中的中介效应。相比已有研究，本研究主要的创新点可以概括为以下三个方面：

　　第一，将创新价值链理论引入创新评价体系。以往创新评价关注的焦点在于创新绩效，这一方面便利了创新的评价，增加了可操作性；但另一方面也造成了创新评价的片面性，甚至产生只关注创新市场化环节而削弱R&D 环节及其他环节的误导。本研究基于创新价值链理论，从创新的创意产生、创意转化和创意扩散三个维度衡量企业产品创新，这拓宽了创新评价的研究视野，并为以后研究提供了思路。实证研究结果从实践的角度验证了创新价值链理论的正确性，并且能够比较全面地反映创新的运作流程，为创新评价体系乃至创新研究提供了一个崭新的视角。

　　第二，从企业内部社会资本的三个维度分别考察其与产品创新价值链和知识螺旋的关系。以往研究对社会资本的考察，多以社会资本整体为一个考察变量，很少有对社会资本三个维度分别加以考察的，即便极少数文献论及了社会资本的三个维度的不同影响，但尚没有考察三个维度对创新价值链和知识螺旋的不同影响的文献。然而，社会资本的结构维度、认知维度和关系维度对创新价值链以及知识螺旋的影响并不相同，如果只从社会资本整体加以考量可能会导致夸大或缩小社会资本的影响。本研究将社会资本三个维度分别考量，既可以验证社会资本三个维度之间的影响关系，也可以研究每个维度对创新价值链不同环节以及知识螺旋的不同影响，拓宽了社会资本研究的视域。实证研究表明，社会资本三个维度之间存在一定的路径关系。研究结果充实了社会资本理论，并可以为企业知识螺旋和产品创新中社会资本的营造提供理论支持。

第三，将知识螺旋引入"企业内部社会资本三维度→产品创新价值链"关系之中，构建并验证了企业内部社会资本三维度、知识螺旋、产品创新价值链之间的路径关系模型。研究发现，知识螺旋在企业内部社会资本对产品创新价值链的影响关系中起着中介变量的作用。这一研究模型不但构建并验证了企业内部社会资本对产品创新价值链不同环节的不同影响，而且引入了知识螺旋这一中介变量，探究了社会资本与创新关系的内在作用路径机理，是对社会资本与创新关系研究的进一步深化。

第三节　研究方法与技术路线

一　研究方法

遵循"文献阅读与访谈→提出假设与构建理论模型→形成测量量表和数据调查→实证分析（证实或证伪）→结论"的研究思路，本研究按照规范研究和实证研究相结合，定性分析与定量分析相结合的方式展开研究，具体研究方法如下。

文献研究。本研究涉及管理学、经济学、社会学等多个学科，理论基础主要包括资源基础理论、社会资本理论、知识管理理论和创新理论等，另外还有其他理论如社会协作理论、文献计量理论、伦理理论等其他理论知识辅助。笔者通过对相关理论的广泛阅读、整理，归纳、总结了主要理论的历史沿革、定义、已有研究成果及最新研究动向，并对相关理论作了简要评述。文献的归纳与整理为本研究分析视角的聚焦、研究思路的形成、假设的提出与概念模型构建以及测量量表的设计提供了夯实的理论基础。

面对面访谈。为了保证所用量表的信度和效度，本研究量表主要基于国外成熟的测量量表，并参照国内外其他测量量表。同时，在量表设计过程中，本研究通过对相关领域学者和企业工作者的面对面访谈，对测量量表的研究问题的厘清及语言表述方面进行修改。

统计分析。通过样本收集与整理，对经问卷调查得来的数据进行统计分析来验证假设与概念模型。主要包括：样本的描述性统计分析，主要用于说明描述性资料的类别及特性；测量条款的描述性统计，主要用于说明样本的正态分布性；信度分析与效度分析，包括 CITC、验证性因子分析、AVE 等，主要用于分析样本的信度与效度；结构方程模型，用于验证本研究提出的假设及概念模型。

与具体研究主题和研究内容相对应的主要研究方法如表1—1所示。

表1—1　　　　　　　　本研究采用的主要研究方法

研究主题	研究内容	研究方法
文献综述	社会资本与创新关系研究现状	文献研究
理论基础	主要理论研究现状	文献研究
模型构建	假设提出	文献研究
量表设计	测量量表的形成	文献研究、面对面访谈
样本描述	描述性资料的类别与特性	描述性统计分析
条款描述	测量条款的信度、 测量条款的效度	CITC、 验证性因子分析、AVE
控制变量	相关控制变量对知识螺旋、 产品创新价值链的影响	独立样本 T 检验、单因素方差分析
研究模型	假设检验	SEM、Boostrap

二　技术路线

技术路线体现了本书的总体研究规划，为本书研究的问题提供了指导性框架。本研究技术路线如图1—1所示。

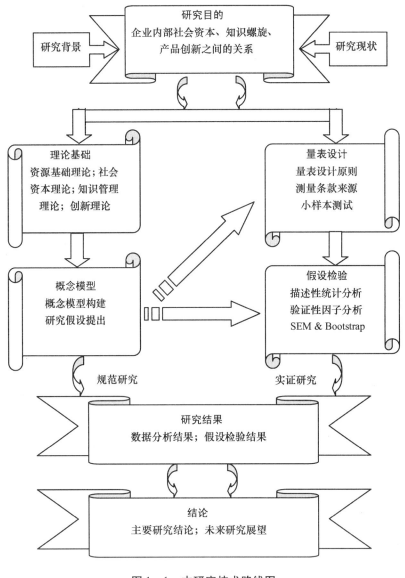

图 1—1　本研究技术路线图

第四节　研究内容与结构安排

　　在明确了研究目的、研究方法及技术路线的基础上，拟定本研究共分为七章，研究内容及结构安排如下：

第一章，绪论。首先阐述了本研究的研究背景，并在此基础上提出本研究的研究目的和研究意义，然后指出本研究的创新点及采用的研究方法，概括介绍了本研究的技术路线和研究内容与结构安排。

第二章，文献综述。主要介绍国内外学者关于社会资本与创新关系的讨论，包括研究的具体内容和研究的热点与前沿，并进行了简要评述，从而挖掘出本研究的聚焦之处。

第三章，相关理论基础与理论模型构建。首先，依次对资源基础理论、社会资本理论、知识管理理论和创新理论的历史沿革、定义和研究前沿进行了深入的回顾，简要介绍了概念，并进行了评述，为本研究奠定夯实的理论基础；其次，在文献综述的基础上指出现有研究存在的不足及未来研究趋势，进而提出本研究拟解决的问题；最后，构建本研究的理论模型。

第四章，研究框架。在现有文献的有力支撑下提出本研究的研究假设。

第五章，量表设计及小样本检验。首先，简要介绍测量量表的设计原则；其次，说明测量条款的来源，以及各个维度的初始测量条款；再次，通过访谈修改测量量表的结构和措辞；最后，对测量量表进行小样本测试，包括信度测试和效度测试，以保证测量量表的有效性和可靠性，据此得到测量量表的最终版本。

第六章，假设检验与结果讨论。其一，描述数据收集选取的对象、数据收集方式、过程；其二，描述性统计分析数据的类别与特性；其三，利用独立样本 T 检验和单因素方差分析检验控制变量对知识螺旋和产品创新价值链的影响差异；其四，利用采集来的数据对测量量表进行信度分析和效度分析；其五，采用结构方程建模，并利用 Bootstrap 算法判定理论模型拟合情况，并分析研究假设的成立情况；其六，对研究结果进行讨论。

第七章，研究结论与未来展望。首先，总结本研究的结论及关键发现；其次，分析本研究存在的不足，展望未来研究的可能方向。

第二章　文献综述

本章对和研究主题相关的文献进行简要回顾与综述。首先，梳理社会资本与创新关系的研究文献，并分析研究热点与前沿；其次，基于社会资本与创新关系的研究前沿与热点，回顾并整理内部社会资本与知识关系及知识与创新关系的相关文献；最后，指出现有文献存在的不足及可能的研究视角。

第一节　社会资本与创新关系研究综述

将社会资本理论引入经济学领域研究创新是现实的需求，也是企业追求持续的核心竞争力和竞争优势的必然选择。正如 Hayek（1945）在 "The use of knowledge in society" 一文所言，"目前许多关于经济理论和经济政策的争论，都源于对社会问题本质的误解"，而这篇文章对社会问题的关怀，也为经济分析提供了社会学的角度。社会资本与创新关系相关研究兴起于 20 世纪 90 年代，尚处于起步阶段，但由于其主要的理论价值和实践价值，引起学者的广泛关注。

近年来，相关学者对企业社会资本与创新关系问题展开了深入的分析与讨论。研究普遍认为，社会资本可以有效地维系、巩固和加强企业与外部实体之间的联系，可以促进企业内部良好合作氛围的形成，能够加速信息、知识和技术的跨组织和组织内的转移、共享和扩散，有利于降低创新的成本与风险，有利于捕捉新的市场信息，甚至于激发突破性创新的产生。为了便于理解文献以发现文献的共性及研究空白，本研究对已有文献从两个角度进行梳理，一方面，分别从外部社会资本和内部社会资本的视角对已有文献进行简单分析，理清现有研究的主要脉络；另一方面，运用信息可视化技术和工具 CiteSpace 绘制社会资本与创新关系研究知识图谱，对国外文献的研究热点和前沿进行分析。

一 外部社会资本与创新关系研究综述

外部社会资本为企业创新活动提供了外部支持。国外方面，Powell、Koput 和 Smith – Doerr（1996）通过对生物科技企业的实证研究发现，网络学习能够产生创新，拥有社会资本多的企业创新能力更强。Cooke 和 Wills（1999）认为，外部社会资本，包括参与、联结、信任和互惠，可以构建有效的信息交流渠道，并促进组织学习，进而提升创新绩效。这些社会资本体现在紧密的组织间网络、合作、强烈的信息传递意识等方面。Maskell（2000）认为，与其他企业之间的网络关系和信任可以促进知识交流，进而促进创新的产生。Hagedoorn 和 Duysters（2002）指出，作为内生能力的一种补充，外部社会联系有助于企业共享资源，掌握复杂技术，进而提升企业的创新能力。Anand 和 Glick（2002）在当今竞争环境愈趋复杂的情况下，以联盟为代表的社会网络可以增加企业获取知识的途径，同时社会资本还可以降低企业新产品开发的风险和成本，减少新产品开发的时间。加拿大的 Landry、Amara、Lamari 和 Ouimet 对外部社会资本与创新关系的研究比较全面具体，成果颇丰。Landry、Amara 和 Lamari（2002）通过对加拿大蒙特利尔地区 440 家不同产业制造企业的实证研究发现，创新是一个复杂的过程，企业首先要决定是否创新，然后要决定是进行哪种程度的创新（突破性创新和渐进性创新），社会资本在创新决策的两个阶段都起着重要的作用，并且知识在这种关系中间起着至关重要的中介作用。Landry、Amara、Lamari 和 Ouimet（2002）通过对 800 家加拿大制造业集群的实证研究发现，集群企业间的交互式合作能够营造良好的创新环境，进而影响企业的创新绩效。Ouimet、Landry 和 Amara（2004）通过对加拿大魁北克省光电子产业集群企业的实证研究发现，企业所处网络的中心度和有效规模对突破性技术创新有积极的正向影响，而企业间距离对突破性创新影响并不明显。该研究更加细致地分析了社会资本结构维度不同指标对创新的影响，为相关研究的深化提供了一个方向。Frishammar 和 Hörte（2005）通过对 206 家中型制造企业的多层线性回归分析得知，对于技术部门来说，外部环境对创新绩效有着显著的积极影响，而与顾客、供应商和竞争者之间的关系对创新绩效的影响是负面的。Shu、Wong 和 Lee

（2005）通过对中国台湾 IT 企业 116 个新产品开发项目的实证研究发现，相对于企业与供应链其他企业的纵向联系，企业与研究机构的横向联系对新产品创新有着更强的影响，企业的学习能力或吸收能力起着调节效应，同时，知识获得在吸收能力和外部链接与新产品创新的关系中起着积极的中介效应。Damanpour 和 Schneider（2006）通过对美国 1200 家公共组织的实证调查发现，以外部社会资本为主要特征的环境对创新采用的影响并不明显，相反，组织特征和企业家对待创新的态度对创新采用影响显著。Frankort（2007）基于结构洞理论对 IT 部门的跨研发网络合作伙伴技术资源及网络位置对企业创新绩效影响的实证研究发现，企业所处结构洞的协调作用及合作伙伴的技术资源能够提升企业的创新绩效，同时研究证明，如果企业在合作过程中扩展过多的结构洞，那么这些弱联系最终会对企业创新绩效产生消极影响。Schilling 和 Phelps（2007）通过对 11 个产业集群网络中 1106 家企业的实证研究发现，联盟网络结构能够促进沟通和合作的达成，为企业提供广阔的知识资源，影响企业知识创造的潜能，对企业创新产出有着积极的影响。Hsieh 和 Tsai（2007）指出，技术创新能力和社会资本是高技术企业创新的两种关键资源，通过对中国台湾地区 90 家企业的实证研究发现，技术能力和外部社会资本与创新产出战略积极相关。Akcomak 和 Weel（2008、2009）实证研究了欧洲地区社会资本与政府援助计划对技术创新的影响，结果表明，信任有利于创新活动的开展，对专利申请量具有正面影响，并且有利于获得政府增加对创新投入的基金援助。Kaasa（2009）运用结构方程模型充分分析了区域创新的影响因素，通过对欧盟 20 个国家 162 个区域的实证研究发现，社会资本的不同维度对创新影响各不相同，其中一直被传统文献所忽视的公民参与维度对创新绩效有着最为显著的积极影响；制度信任、一般信任和网络对创新绩效影响显著，但是作用十分微弱；规范对创新绩效的影响呈现中度消极，而互助、准则和实际社会参与对创新绩效没有显著影响。Phelps（2010）通过对 77 家电信制造企业的纵向调查，分析了企业联盟结构和企业位置对企业探索式创新的影响。研究指出，网络密度对探索式创新有着积极的影响。Pérez - Luno 等人（2011）基于社会资本理论、知识观和创新理论构建了一个研究企业间联系与突破性创新间关系的相对普适的研究框架，通过对西班牙 143 家创新型制造和服务企业的实证研究表明，企业间的强联系并不能给企业带来突破性创新，而只有社会资本与隐性知识的交互才会对突破性创新产生积极影响。Hau 和 Kim（2011）认为消费者联盟是企业产品和服务创新重要的外部资源之一，顾客创新性知识的共享可以使消费者联盟成为创新至关重要的途径。然而，传统创新经济学理论并没有为消费者在联盟内自由分享知识提供足够的解释。通过对韩国在线消费者联盟的 1244 位成员的实证调查发现，内部动机、共享价值观和信任是促进消费者创新性知识共享的主要原因，而外部动机和社会关系对这种共享的影响要依赖于该消费者创新与否。

国内方面，武志伟（2003）认为，由于市场要求的创新频率加快，新产品开发与应用所需的投资也日益增大，传统的闭门造车式的创新方式也不能满足企业和市场的要求，因此企业必须积极与外界合作，如建立在信任基础上与合作伙伴和供应商的关系，才能不断地创新与发展。郑胜利和陈国智（2002）认为，企业外部社会资本有助于企业摄取各种稀缺资源的社会关系网络，企业外部社会资本积累有利于企业获得机会利益、摄取参与竞争所需的各种资源、增强企业的技术创新优势。陈劲和张方华（2002）认为，企业的竞争能力取决于企业如何将内外部资源有效整合，以此提高企业知识创造和技术创新的能力，而与外部企业的合作和联盟是建立在良好的社会资本的基础之上。李红艳等（2004）将社会资本理论应用于技术创新扩散过程的研究，指出社会资本在促进隐性知的传递与扩散，提高资源配置能力与技术创新扩散的速度、潜在采用者范围和采用者总量以及技术创新的数量和能力等方面有积极作用。吴晓波和韦影在这一问题上展开了一系列的研究。吴晓波、韦影和杜健（2004）从社会资本的结构维度、认知维度和关系维度三个维度分析了其在企业展开产学研合作中的重要作用，主要体现在信息收益、有效沟通和建立信任基础三个方面，这些都有助于企业智力资本的积累，并促进创新的产生。吴晓波和韦影（2005）对我国制药企业技术创新战略网络中的不同合作模式进行了关系性嵌入分析，指出企业与网络成员间形成的较强联系可以促进企业提高技术创新能力，信任可以强化关系性嵌入对企业技术创新的积极影响。韦影（2007）引入吸收能力视角针对我国企业社会资本影响技术创新的机制问题展开分析，实证研究表明，企业社会资本的结构维度、认知维度和关系维度对企业技术创新绩效具有显著的影响，同时，认知维度在结构维度和关系维度发挥效应中起着中介效应。张方华（2006）基于我国 210

家企业的多元回归分析发现，企业可以通过与外部组织之间的互动与合作有效整合企业内部和外部资源，并进而提高企业技术创新能力。李新功（2009）提出，以信任、协调和规则为主要特征的社会资本网络为企业技术创新提供重要的机制保障。社会资本网络与企业技术创新协同共生，并影响着企业技术创新的方式和成效，并指出，我国企业技术创新中存在社会资本网络缺陷，技术创新出现产学研分离、技术创新懈怠等不良现象，对此，应建设社会资本网络下的企业技术创新基本模式，如在社会资本网络下构建企业技术创新的共享范式、系统范式和空间范式等。杨宇和沈坤荣（2009）采用面板数据实证研究了外部社会资本不同维度对技术创新不同指标的影响，研究表明，信任对研发支出和研发人员两项技术创新投入指标以及技术市场成交额具有积极影响，而对专利申请数没有影响；民间组织密度对技术创新人员投入和专利申请数量有显著的消极影响，而对技术市场成交额有显著的积极影响。杨震宁和李东红（2010）将集群企业创新绩效分为运营绩效、扩展绩效和动态相乘绩效，讨论了行业竞争机制、嵌入集群的社会资本以及企业技术战略选择对企业创新的影响，通过对 492 家制造业企业的实证研究表明，集群内的强联系可以显著提升企业动态相乘绩效，而集群外的弱联系对三种创新绩效的影响均不显著；同时，防御型技术战略显著地消极调节集群内社会资本的强联系对动态相乘绩效的影响，进攻型技术战略显著地积极调节集群内的强联系对扩展绩效的影响。陈金波（2010）以河南省 249 家重点企业为调研样本对社会资本技术创新关系进行了实证研究，结果表明，企业与高校、科研机构或其他企业的合作关系，与顾客和供应商的关系，与知识产权中介机构的关系这三类外部社会资本对技术创新有显著的积极影响，而企业与政府和金融机构的关系这类外部社会资本对技术创新并没有显著的积极影响。吕淑丽（2010）以 148 位高技术企业企业家的调查样本，运用多元回归分析方法研究了企业家、社会、资本三个维度对企业技术创新绩效的影响，结果表明，企业家、社会、资本三个维度对企业技术创新绩效影响显著，其中认知维度对技术创新绩效影响程度最大（0.512）；其次是结构维度（0.329）；而关系维度对技术创新绩效的影响程度最低（0.261）。林筠、刘伟和李随成（2011）以我国 155 家制造企业为调查对象，对企业外部社会资本影响技术创新能力以及影响途径进行了实证研究。结果表明，结构维度对自主创新能力有显著的直接和间接积极影响，并通过企业间合作对合作创新能力有显著的积极影响；认知维度通过企业间合作对自主创新能力和合作创新能力有显著的积极影响；关系维度对自主创新能力和合作创新能力有显著的积极影响。范钧（2011）将知识密集型服务业中小企业客户知识获取分为关于客户的知识获取和拥有的客户知识获取两类，以浙江212家软件业中小企业为样本，就外部社会资本对中小企业客户知识获取和创新绩效的影响作用进行实证研究，研究表明，结构维度和认知维度通过关于客户的知识获取对知识密集型服务业中小企业创新绩效产生积极影响，关系维度通过拥有的客户知识获取对知识密集型服务业中小企业创新绩效产生积极影响。戴勇和朱桂龙（2011）通过对94家广东企业的实证研究指出，外部社会资本和吸收能力分别对企业创新绩效存在显著的积极影响，并且吸收能力在外部社会资本和创新绩效关系中存在显著的调节效应。

二　内部社会资本与创新关系研究综述

归根结底，创新活动是在企业内部展开的，所以企业内部社会资本对创新活动起着至关重要的作用，是企业创新的内部动因。

国外方面，Nahapiet 和 Ghoshal（1998）在研究社会资本、智力资本和组织优势之间的关系时指出，社会资本能够有效促进新智力资本的产生，组织作为制度环境有益于高水平社会资本的形成，由于拥有更为密集的社会资本，企业在创造和共享智力资本方面优于市场。Tsai 和 Ghoshal（1998）通过对大型跨国企业业务部门中社会资本的结构维度、关系维度和认知维度与资源的交换和产品创新之间关系的实证研究指出，社会交互作用（结构维度）和信任（关系维度）显著地影响了部门间资源交换的程度，从而影响了产品创新，资源交换起到完全中介的作用。Gabbay 和 Zuckerman（1998）通过对合作 R&D 工作小组的科学家的实证研究发现，结构关系在企业研发各部门各不相同，基础研究部门中的科学家更加适合进行独立的研究工作，网络关系比较简单的科学家相对而言更容易取得成果；而在应用研究和产品开发部门，研发人员之间的密切交流显得尤为重要，处于结构洞位置的研发人员相比较而言更容易取得成功。Reagans 和 Zuckerman（2001）通过对 224 个 R&D 团队的实证研究发现，社会网络对 R&D 团队生产率有着积极的显著影响。Chaminade 和 Roberts（2002）从定性分析的角度指出，企业社会资本对重大创新具有积极的促进作用。Brockman 和 Morgan（2003）指出，战略意图上的一致性可以激励员工积极参与知识创造的热情，并提高其参与知识创造的满意度，有利于提高企业绩效和创新效率。Frishammar 和 Hörte（2005）通过对 206 家中型制造企业的多层线性回归分析得知，跨职能整合对创新绩效有着积极影响，而交互对创新绩效的影响并不显著。Obstfeld（2005）基于结构洞理论，采用多元特质分析方法对气质引擎制造商的实证研究表明，强联系对创新有着积极的影响。Lee、Wong 和 Chong（2005）分析了人力资本、社会资本与研发产出之间的关系，通过对新加坡私立部门、高等教育部门、政府部门和公共研究机构的 1109 个样本的多层线性逻辑回归分析发现，组织内部的网络连接和交互对研发产生有着显著的积极影响，而外部链接对研发产出并没有显著影响；非正规的关系对研发产出影响很小；社会资本的认知维度对研发产出有着十分显著的积极影响。Subramaniam 和 Youndt（2005）研究了各种智力资本对组织不同种类创新能力的影响，通过对 208 个美国研发组织的实证研究发现，社会资本对突破性创新能力和渐进性创新能力都有着显著的积极影响，同时，人类资本和社会资本的交互作用对突破性创新能力有着显著的积极影响。Carolis 和 Saparito（2006）通过对社会资本、认知和企业行为三者关系的研究指出，企业行为是内部社会资本和个人共同认知及两者间交互的结果，企业行为会影响企业对创新机会的选择。Jansen、Bosch 和 Volberda（2006）实证研究表明，组织内部成员间的互相联结对探索式创新和开发式创新有着积极的重要作用。Perry – Smith（2006）通过对科学家的实证研究发现，弱联系对创新能力有积极影响，而强联系对创新能力的影响并不显著，同时研究指出，当个体与组织外部联系较少时，中心度与创新能力积极相关，而中心度与更多外部联系的结合并不是最优选择。Chen、Chang 和 Hung（2008）指出，社会资本在 R&D 部门的作用比较欠缺，通过对 54 个中国台湾地区高技术产业 R&D 团队的实证研究发现，社会交互和网络连接对 R&D 团队创造能力有着积极的影响，而信任和共享目标对 R&D 团队创造能力的影响并不显著。Cattani 和 Ferriani（2008）基于个体层面创新能力视角，分析了社会网络在个体分享能够产生创新产出绩效能力中的作用，研究认为，占据网络圆心与边缘之间的中间位置可以获得更多的创新产出。Wu、Chang 和 Chen（2008）整合了社会资本、企业家导向、智力资本和创新等维度构建了一个研究范式，通过实证研究发现，社会资本对创意起着调节作用，高质量社会资本可以增强智力资本对企业创新的影响。Carmona – Lavado、Cuevas – Rodríguez 和 Cabello – Medina（2010）通过对西班牙 1041 家企业研发部门的实证研究发现，社会资本可以促进企业产品创新，特别是突破性产品创新。Lovejoy 和 Sinha（2010）对创新的创意产生阶段的社会资本问题进行了实证研究，研究表明，创意产生是通过不断的伙伴交流刺激产生的，伙伴交流可以催发简捷路径并消除信息瓶颈，同时，小组会议也是学习范式和刺激创意产生的有效途径，但是，在处理复杂问题上，小组会议的优势并不像弱联系那般有显著影响。Maurer（2010）通过对德国 144 家发动机企业的218 个项目团队的实证研究发现，项目团队成员间的信任关系对外部知识的获得有显著的积极影响，并进而促进产品创新。

国内方面，郑胜利和陈国智（2002）认为，企业内部社会资本有利于推动企业成员的信任与合作，促进企业各部门间的沟通与协调，从而增强企业内部凝聚力，有利于提高企业的经济效率、促进企业的知识转移和知识共享、挖掘和开发企业员工的"冗余信息"。郑美群和蔡莉（2005）提出，高技术企业绩效决定于企业不断地进行技术创新的能力，企业外部社会资本有利于降低高技术企业的交易成本，并提高企业的技术创新能力，因此，加强企业的社会资本积累是高技术企业必然的战略选择。柯江林等（2007）将团队社会资本分为互动强度、网络密度、同事信任、主管信任、共同语言和共同愿景六个构面，将团队效能分为创新绩效、计划符合度和团队承诺三个构面，以知识分享与知识整合为中介变量，构建了企业 R&D 团队社会资本与团队效能的关系，通过对 316 位 R&D 团队成员的实证研究证明，团队社会资本以知识分享与整合为中介变量对团队效能产生间接的正向影响，具体来说，同事信任、主管信任共同语言和网络密度对创新绩效有积极影响。信任是团队创新的关键，共同语言是创新的基础，共同愿景一方面有利于知识分享与整合，另一方面也会限制创意的产生，同时既要利用网络关系也要避免小圈子的产生。谢洪明、王成和吴业春（2007）将组织创新分为管理创新和技术创新两个部分，以华南地区 145 家企业为对象进行实证研究，结果表明，内部社会资本对管理创新有显著的正向影响（0.38；$p = 0.001$），但对技术创新直接影响并不显著（0.20；$p = 0.220$），必须通过知识能量才能促进技术创新。陈建勋、朱蓉和吴隆增（2008）以北京和广州133家企业为调查对象，实证研究了内部社会资本对技术创新的影响，结果表明，内部社会资本对技术创新存在显著的直接影响，同时，知识创造在此过程中存在完全中介效应。顾琴轩和王莉红（2009）通过对247位科研人员的实证研究发现，科研人员的人际互动网络规模和网络密度对创新行为具有显著的二次影响，具体来看，科研人员的人际互动规模对创新行为具有显著的积极影响，但超过一定规模后会对创新行为产生负面影响；互动规模能够增加获得交流信息和知识的机会，有利于开阔视野和增长知识，进而促进创新行为，但是，随着互动规模的扩大，时间和精力的投入势必增加，会抑制科研人员新想法的提出；网络密度的增加可以增加信任和经验的共享从而促进创新行为，但随着网络密度的不断增强，就会产生路径依赖，阻碍新观念的产生，抑制创新行为。王莉红、顾琴轩和褚田芬（2009）以87个科研团队的448名科研人员为调查样本构建了团队与个体的多层线性模型，研究人力资本和内部社会资本对创新行为的影响。结果表明，个体人力资本和社会资本对其创新行为具有显著的积极影响；团队社会资本对其成员创新行为的影响显著积极；团队社会资本可以强化个体社会资本对创新行为的积极影响。陈朝旭和缪小明（2010）定性地分析了研发团队内部社会资本的不同维度、知识冲突和突破性创新之间的关系，研究认为，共同的语言和代码会减少知识冲突并进而消极影响突破性创新，其中，网络密度可以促进共同语言和代码对知识冲突的缓解，而信任和共同愿景则可以调节知识冲突对突破性创新的影响，据此构建了理论分析模型。

三　社会资本与创新关系研究热点与前沿知识图谱

通过主题词检索的方式确定数据源，分析的数据均来自美国的科学情报研究所（Institute for Scientific Information，ISI）出版的Web of Science。每一条数据记录主要包括文献的作者（Authors）、题目（Title）、关键词（Key Words）、摘要（Abstract）和文献（Descriptors and Identifiers）的引文。检索方式是在Web of Science的主题词检索栏以"social capital"（社会资本）和"innovation"（创新）联合进行检索，共检索到192篇文献，时间分布在1998年到2011年间。其中包括6928条引文，数据采集时间为 2010 年 12 月 17 日。

　　知识图谱的绘制需要专门的科学计量学分析工具。本书借助陈超美博士开发的信息可视化软件 CiteSpace v2.2.R10，形象直观地展示社会资本与创新关系研究的理论基础、研究热点和前沿趋势。CiteSpace 是基于 Java 程序开发的用于分析和可视化科学文献趋势和范式的计量学软件，其着重在于寻找某一研究领域发展的关键点和转折点。

　　将数据输入 CiteSpace v2.2.R10，时间切片选择 2 年，网络节点选择关键词（keyword），C、CC 和 CCV 的前中后段阈值分别设定为（2，2，10）、（2，3，35）和（2，2，10），选取路径探索（Pathfinder）控制点间链接，利用膨胀词探测（Detect Bursts）技术和算法，得到社会资本与创新关系研究关键词共现图谱（图 2—1）以及社会资本与创新关系研究关键词共现时区图谱（图 2—2）。通过考察词频的时间分布，将其中频次变化率高的词（Burst Terms）从大量的主题词中探测出来，依靠词频的变动趋势，而不仅仅是频次的高低，来确定社会资本与创新关系研究的热点与前沿。

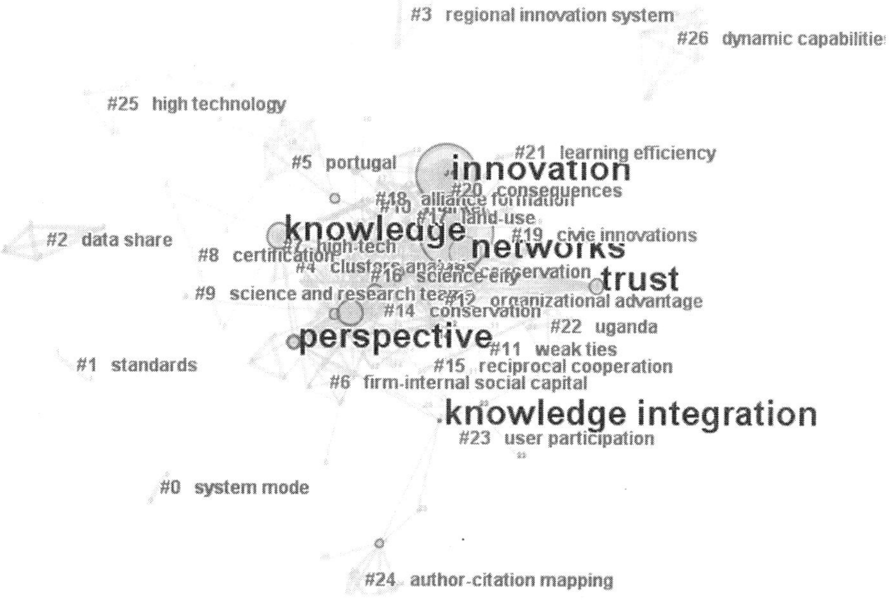

图 2—1　社会资本与创新关系研究关键词共现图谱

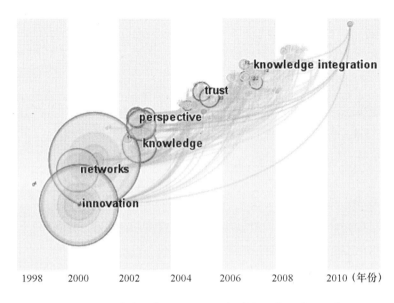

1998   2000   2002   2004   2006   2008   2010（年份）

图2—2　社会资本与创新关系研究关键词共现时区图谱

图2—1直观地映射出社会资本与创新关系研究的研究领域。通过图2—1可以看出，社会资本与创新关系研究形成了27个分支研究领域，共包含150个不同的关键词，出现的总频次为887次。通过图2—2可以清晰地看出，包括创新（innovation）、网络（networks）、知识（knowledge）、视角（perspective）、信任（trust）和知识整合（knowledge integration）6个关键词处于局部范围内的一个结构中心，形成关键节点，起着连接桥梁的作用。关键节点的被引频次和中心度较高，在一定程度上说明了图谱中该关键节点的影响较大。6个关键节点的被引频次及中心度情况如表2—1所示。

表2—1　　　　　　　　　　关键词共现图谱关键节点统计情况

关键节点	中心度	首次出现（年份）	被引频次
perspective	0.26	2002	16
knowledge	0.17	2002	30
innovation	0.16	2000	66
trust	0.16	2004	15
networks	0.15	2000	36
knowledge integration	0.15	2006	4

首先，视角（perspective）一词的词频变动率最高，中心度达到0.26，说明社会资本为创新研究提供了一个独特的视角。传统意义上，企业的资本主要包括物力资本、财力资本和人力资本。无论从企业经济视角还是财务管理视角来看，这三种传统资本都是研究分析的主要对象。然而，随着资源开发技术的极大进步、融资渠道的逐步完善以及人力资源数量和素质的大幅度提高，使得这三种传统资本的获得难度日益降低，从某种程度上说，甚至不再是稀缺资源。社会资本已被列为影响企业竞争力和经济发展的第四种资本，其对信息的获取、甄别、选择和使用尤为重要，是决定技术创新的内部转移速度和外部模仿速度的关键因素。可以说，将社会资本理论引入经济学领域研究创新是现实的需求，也是企业追求持续的核心竞争力和竞争优势的必然选择。

其次，网络（networks）和信任（trust）两个词的词频变动率也比较高，中心度分别为0.15和0.16，说明社会资本的结构维度和关系维度是社会资本与创新关系研究中的一个热点。社会资本最开始的定义便是社会网络，Jacobs（1961）指出"网络是一个城市不可替代的社会资本，无论出自何种原因而失去了社会资本，它所带来的收益都会消失，直到而且除非新的资本慢慢地不确定地积累后它才会恢复回来"，这种将社会资本界定为"邻里关系网络"的做法一直被沿用至今，成为研究社会资本的主要范式之一，社会资本与创新关系研究也如此。Reagans 和 zuckerman（2001）通过分析 224 个 R&D 团队的社会网络、组织年限和生产率等有关数据认为，网络联系有助于解释 R&D 团队的生产率。Uzzi 和 Lancaster（2003）通过调查发现，不同种类的网络连接对知识转移和学习能力有着不同的影响，并进一步影响创新。Huysman 和 Wulf（2006）也指出，为了提高知识共享，信息技术工具应该嵌套在社会网络之中。信任，作为Nahapiet 和 Ghoshal（1998）提出的社会资本关系维度的典型，也是研究的热点之一。Tsai 和 Ghoshal（1998）分析了大型跨国企业业务部门中社会资本的结构维度、关系维度和认知维度之间的关系以及这些维度与资源的交换和产品创新之间的关系，提出社会交互作用（结构维度）和信任（关系维度）显著地影响部门间资源交换的程度，从而影响产品创新。Blomqvist、Hurmelinna 和 Seppanen（2005）分析了信任在非对称合作中具有重要作用，指出合约可能不能保证成功的合作，但是缔约的过程有助于互相理解和学习，进而促进信任的形成，并进一步加强知识共享，以达成持续的创新和竞争力。

再次，知识（knowledge）和知识整合（knowledge integration）两个词的词频变动率也较高，分别为 0.17 和 0.15，说明知识在社会资本与创新关系研究中具有举足轻重的作用。在当前知识经济时代，知识资源被视作企业竞争优势的源泉。知识已经逐步取代其他资产，被视为企业创建核心能力和提升经营绩效的最重要的资产。网络环境下企业技术创新的本质是基于合作的知识创新。可以说，创新源于企业对知识资源的重新整合与创造。Cross、Rice 和 Parker（2001）聚焦于组织关系和社会关系对信息流转的影响机理，研究了以职能相似性、层级、信任和友谊等为代表的社会结构对信息收集的重要影响。知识整合在社会资本与创新关系研究中出现的时间较晚，但是却引起了极大的重视。Gold、Malhotra 和 Segars（2001）指出，新经济时代的一个显著特点便是组织对知识资本的经济价值的逐渐重视，作者从组织能力的视角研究有效知识管理，指出除了知识获得、转化、利用和保护以外，知识管理结构还包括技术、结构和文化，这些对有效知识管理都至关重要，并且影响企业创新。Wang 等人（2006）指出 ERP 实施的主要困难在于其为组织带来全新的变化，这就彰显了组织成员之间通过互相联系和共同价值观构建的黏合性的重要性。作者基于社会资本理论构建理论模型，并通过对中国台湾企业使用者和管理者的调查分析得出如下结论：组织成员间互相联系和共同价值观形成的黏合关系确实存在，并且这种黏合关系对管理目标和组织创新目标的实现有着重要的影响。

最后，从图 2—1 可知，有一些领域处于图谱的边缘，且与其他研究领域甚少联系，这包括系统模式（system mode）、数据共享（data share）、区域创新系统（regional innovation system）、高新技术企业（high technology）和动态能力（dynamic capabilities）等几个关键领域。这些领域与知识图谱中心关联较少，一方面，可能是其没有引起足够的重视；另一方面，可能是新兴学科，相关研究还比较少。另外，可以发现系统动力学知识和结构方程模型的运用是社会资本与创新关系研究的一个趋势，应该引起重视。

第二节　内部社会资本与知识关系研究现状

国外学者研究起步较早，始于 20 世纪 80 年代中期。Porter（1985）

认为，组织运用知识的能力需要通过组织内个体间基于信任基础上的沟通和交流，以及各部门的协调和互动来实现，即要通过内部社会资本使这种知识的共享和转移成为可能。Gamovertter（1985）也认为，个体间的交换行为往往是嵌于其社会关系结构之中的。Grant（1996）以及 Adler 和 Kwon（2002）认为，社会资本是知识整合的关键机制，可以促进组织内部资源交换和产品创新，并且有利于个体接触知识。Szulanski（1996）认为，内部社会资本显著影响组织内个体对知识的接触以及个体之间知识的转移。Nahapiet 和 Ghoshal（1998）认为，社会资本作为组织的一种重要资源，其产生、积累和发展从机会、动机、期望和能力四方面影响知识创造，进而提升企业核心能力，并创造竞争优势。Coleman（1998）指出，社会资本是提高生产力和经济活动可行性的重要决定要素，人际关系、规范与信任有助于个体获得广泛、及时的相关信息资源，促进组织内协调合作，提高资源配置效率，改善知识共享和知识整合，提高知识创造水平。Gabbay 和 Zuckerman（1998）则认为，企业内部社会资本在企业内部联系中起着"黏合"的作用，能够协调企业内部的沟通、交流和联系，并能够推动组织内部信息和知识等资源的交换与共享。Kale、Singh 和 Perlmut-ter（2000）认为，情感因素对知识交换具有持续的影响。Yli - Renko、Autio 和 Sapienza（2001）认为，内部社会资本对组织内知识的取得与利用有显著的积极影响。Tsai（2001，2002）的实证研究表明，内部社会资本可以显著影响组织内各部门间的资源交换与整合，并且互动与市场竞争的交互作用对知识共享具有显著的调节作用。Lang（2004）认为，企业知识积累和创造的过程，是基于一定的社会和组织情景的。Kastell、Cal-oghirou 和 Loannides（2004）研究认为，合作以及为合作创造便利条件的网络环境对知识创造、知识扩散和知识实现有显著的积极作用。Cabrera 和 Cabrera（2005）结合对社会资本理论、社会困境理论和社会交换理论的分析，提出了知识共享的动力模型。Inkpen 和 Tsang（2005）的实证研究表明，社会资本有利于网络内的知识转移，社会资本体现了网络中个体利用其网络成员身份获得收益的能力，这些收益包括影响、声望、对网络规范的理解、优先获得知识和信息及新业务的优先机会等。Collins 和 Smith（2006）基于美国知识型员工的实证研究表明，组织氛围在承诺型人力资源实践与知识共享和知识整合关系中存在中介效应。Maurer 和 Ebers（2006）实证研究表明，社会资本通过促进智力资本的组合和交换进而促进新智力资本的产生。

国内学者紧随国外研究趋势，近年来对内部社会资本与知识关系展开了大量研究。方世杰（2002）认为，内部社会资本积极影响知识流通的质量和知识创造。王凤彬、江鸿和吴隆增（2008）的研究表明，企业内外部社会资本以及它们之间的交互作用对企业核心能力有显著的积极影响，并且知识创造在此关系中存在中介效应，也就是说，社会资本通过影响知识创造进而影响企业核心能力。彭双和顾新（2009）从社会资本的结构维度、认知维度和关系维度分析了知识链社会资本促进知识链组织间知识创造的机理，分析指出，知识链社会资本通过增加知识创造机遇、降低知识创造成本、促进组织间知识创造过程、促进创造性氛围建设等方面促进知识链组织间知识创造。周劲波和黄胜（2009）基于知识管理视角，分析了社会网络中知识创新的激励，并剖析了社会资本与知识创新的内在关系，分析指出，企业应当加强社会资本的培育以更好地进行知识创新。陈建勋、勾东宁和吴隆增（2010）探讨了内部社会资本的互动、规范和共同愿景三个维度如何促进知识创造水平。研究结果表明，内部社会资本三个维度中社会互动对知识创造的促进程度最大，其次是共同愿景，规范的促进程度最小。在对知识螺旋过程的影响过程中，社会互动能够促进知识的社会化和结合化过程，规范能够促进知识的外部化过程，而共同愿景能促进知识的内部化过程却并不能促进知识的结合化过程。金辉、杨忠和冯帆（2010）探讨了个体社会资本对个体间知识共享的作用机制，研究认为，社会资本的结构维度、认知维度和关系维度对个体间知识共享均具有促进作用。

第三节　知识与创新关系研究综述

国外相关研究起步较早，始于 20 世纪中叶。Hayek（1945）指出，技术创新人员如果不能掌握隐性知识，那么技术创新很难成功。Alchian 和 Demsetz（1972）以及 Kogut 和 Zander（1993）认为，从知识的角度来说，企业实际上就是一个知识获取、共享和创造的组织，从外部获取知识及共享内部知识都是知识创造的过程，这些知识创造过程推动着企业的产品创新。Prescott 和 Visscher（1980）指出，信息和知识是非常重要的资产，其可能影响企业的生产可能性曲线，并进而影响企业技术创新能力。

Nelson（1994）指出，创新是知识积累随时间演变的过程。Nonaka（1994）认为，企业产品创新必须依托于有效的知识共享及对现有知识最大限度的利用。Nonaka 和 Takeuchi（1995）以及 Beneito（2006）都认为，企业创新活动中新产品的产生是利用新知识的结果，知识创造体现在组织产品创新之中，只有持续创造新知识，并将新知识扩散到整个组织，才能保持持续的新技术与新产品开发，进而保持持续竞争优势。Thurow（1996）指出，对已有知识的利用及外部知识的吸收利用是影响企业技术创新能力的关键。Gopalakrishnan 和 Bierly（1997）通过实证研究发现，相对于显性知识来说，根植于隐性知识的技术创新对企业竞争优势的贡献更大。Nonaka 和 Konno（1998）认为，组织内成员间对彼此专业知识的共享及转化为显性产品的过程就是产品创新产生的过程。Iansiti（1998）和 Zack（1999）指出，技术变革对企业创新的挑战实质上是由于知识演进速度不同而导致的知识匹配问题，即"知识缺口"困境，知识缺口是指组织的现有知识与实现其战略目标所应具备的知识之间存在的差异。知识缺口限制了知识循环和知识创新，因而阻碍了产品创新的实现。Von Krogh、Ichijo 和 Nonaka（2000）指出，知识创造对于企业技术创新具有举足轻重的影响。Sivadas 和 Dwyer（2000）指出，在产品研发联盟产品创新无法实现的本质原因在于知识整合能力的匮乏。Tsai（2001）认为，知识转移可以为组织内成员提供互相学习与合作的机会，进而促进知识创造，并有助于提高组织的创新能力。Yli – Renko、Autio 和 Sapienza（2001）基于对高新技术企业的研究认为，知识获取和知识整合能力对于新产品开发十分重要，实证研究表明，知识共享与知识创造积极影响新产品开发，并进而促进企业获得竞争优势。Ancona 和 Caldwell（2003）认为，团队成员间想法与构思的交流与碰撞可以拓展彼此的知识与技能，进而积极影响个体创新能力。Cavusgil、Calantone 和 Zhao（2003）对隐性知识转移与企业技术创新能力的关系的实证研究指出，员工间的隐性知识转移显著地促进企业技术创新。Hong 等人（2004）和 Marinova（2004）均认为，企业产品创新需要企业部门间知识在企业内部最大限度地共享。Akgun、Lynn 和 Yilmaz（2006）明确提出，产品创新是知识共享行为的最佳载体。

国内的研究虽然起步较晚，始于 20 世纪 90 年代中期，但是成果颇丰。魏江和许庆瑞（1996）指出，企业技术能力反映的是为支持战略的实现而蕴含在企业内部的所有技能和知识的总和。知识创新是技术创新的基础，是新技术和新发明的源泉，是促进科技进步和经济增长的革命性力量。王大洲（2001）认为，技术创新的实质是知识产品或服务的转化以及新知识的产生过程。刘劲扬（2002）认为，知识创新和技术创新互相影响，知识创新是技术创新的基础，技术创新实践拓展知识创新。杨文明和韩文秀（2003）构建了知识创新与技术创新的相互作用机制模型，模型表明，技术创新有其独立的内在规律，并不一定是由知识创新直接引起，也可以是知识创新间接作用的结果，同时，技术创新的各个阶段都受到知识创新的影响。芮明杰、李鑫和任洪波（2004）基于 Nonaka 的 SECI 模型，针对高新技术企业知识创新问题，提出了适用于高新技术企业知识创新的理论体系。张晓林和吴育华（2005）认为，从创新价值链的内涵来看，创新价值链实质上就是一个知识流动的过程，是知识转化为有价值的商品的过程。党兴华和李莉（2005）认为，网络环境下的企业技术创新过程本质上是知识的组织与运用的过程。欧光军、邵祖峰和张子刚（2005）提出了基于知识创造的产品创新动态模型系统，该模型系统以知识挖掘为起点，历经知识整理、知识共享、知识创造和知识运用，最终作用于产品创新过程的各个环节，实现产品创新目标。赵永彬和弋亚群（2007）认为，企业的知识资源对技术创新有着重要的影响，技术创新本质上就是知识的获取、整合与利用，就是将知识和技能转化为产品或服务的过程。吴翠花和万威武（2007）构建了自主创新与组织知识创造的关系模型，解释了二者之间相互促进的互动关系，并指出，自主创新与知识创造是辩证统一的，知识创造对自主创新有促进作用，而自主创新也会影响知识创造，自主创新以正确的战略为导向就会促进知识创造并促进企业目标实现，反之，则相反。马旭军（2007）认为，创新和技术进步是创造、传播、应用各种知识的行为者之间错综复杂关系的结果。余光胜和毛荐其（2007）探讨了技术创新过程中隐性知识在创新团队中转移的机理与途径，并指出，促进企业技术创新活动中隐性知识的有效转移需要从技术创新主体、过程、组织和环境等多方面采取措施。崔颖（2008）认为，隐性知识是影响企业创新的关键因素，实现隐性知识的动态转化和共享是提高企业技术创新能力的根本保证。张明、江旭和高山行（2008）认为，产生知识并不是企业知识创造的最终目的，知识创造的最终目的在于转化为能够给企业带来利润的技术创新，而其实证研究表明，组织学习通过知识创造积极影响企业创新，知识创造具有完全中介作用。陈建勋、朱蓉和吴隆增（2008）的实证研究得出，内部社会资本和知识创造对技术创新具有显著的正向影响，知识创造具有完全中介作用。黄芳、马剑虹和张俊飞（2009）的实证研究表明，知识共享行为受到创新氛围、共同目标和组织支持的共同影响，认知障碍是观点冲突产生的主要原因。张光磊、周和荣和廖建桥（2009）认为，与来自于文献资料的正规知识相比，隐性技能和隐性知识对企业技术创新的作用与贡献更大。路琳和梁学玲（2009）通过实证分析论证了知识共享对创新直接的积极影响，知识共享在人际互动和创新之间起到中介作用。简传红、张同健和林昭文（2009）指出，知识螺旋是一种最重要的知识管理形式，能有效促进企业技术创新的发展。首先，知识螺旋共同化可以促使企业总结以往经验，并从中寻找解决问题的新方法；其次，知识螺旋可以激励企业不断自我反思；再次，知识螺旋联结化可以促进企业内部信息和知识的传播与扩散，为企业实施新的管理理念和管理模式提供实施平台；最后，知识螺旋内在化有利于企业学习成功经验，提高自身的可持续发展能力。王端旭、朱晓婧和王紫薇（2009）认为，通过国内多个城市183名IT企业研发人员的实证研究发现，研发人员的情感承诺正向影响其知识共享行为，并进而正向影响其创造力，知识共享的中介效应显著。谢言、高山行和江旭（2010）基于中国转型经济背景的实证研究证明，知识创造对企业自主创新有显著影响，并在企业外部社会联系与自主创新之间存在部分或完全中介作用。宋志红、陈澍和范黎波（2010）的实证研究表明，知识共享对创新能力具有显著的正向影响。张同健和蒲勇健（2010）通过实证研究发现，在互惠性企业文化环境下，研发型团队的知识共同化和知识内在化积极影响技术创新能力，而知识表出化对技术创新能力缺乏显著的促进作用。李明星、张同建和林昭文（2010）根据广东省高技术风险企业数据进行实证研究，结果发现：知识共同化对企业的自主研发创新、市场创新和管理创新积极影响显著，知识表出化对企业的自主研发创新与管理创新积极影响显著，但对企业自主市场创新影响并不显著；知识联结对企业的自主研发创新积极影响显著，而对自主市场创新与管理创新影响并不显著；知识内在化对企业的自主研发创新与管理创新积极影响显著，但对自主市场创新影响并不显著。

第四节　对已有文献的简要评述

通过对已有文献的脉络梳理及热点与前沿透视，可以发现有关学者从不同角度基于不同的视角对社会资本与创新之间的关系问题展开了丰富的研究，取得了大量的研究成果，为后续研究提供了充足的理论基础。然而，笔者认为现有研究仍存在对某些问题的忽视，存在以下几点不足。

首先，对创新考察的片面性。现有研究对创新的考察，无论是产品创新还是工业创新，多是从创新产出或创新绩效的角度加以研究，忽视了对创新作为一个"投入产出"的价值增值过程的思考。创新，一方面是生产资料投入到产品或服务的产出；另一方面也是创意投入到创意的实现。社会资本作为一种非物质资本，其对创新的影响很有可能不是直接作用于创新的产出或绩效上，而是作用于从创意产生、创意转化直至创意扩散这一链条上。

其次，社会资本内在逻辑的模糊性。虽然近几年的研究对社会资本的考察开始注重全面的度量而不仅仅是考察某一个维度，但遗憾的是，至今全面研究社会资本三个维度之间关系的文章少之又少，而在考察三个维度之间关系基础上研究社会资本对创新影响的文章更是凤毛麟角，迄今为止只有 Tsai 和 Ghoshal（1998）的文章有所涉及，国内学者对此尚无实证研究。然而，社会资本三个维度之间并不是孤立存在的，而是彼此作用和互相影响的，其对创新的影响也是各不相同的。针对中国当今经济环境中"重关系，低信任"的特殊情境，考察社会资本不同维度之间的关系及对创新维度的影响应该存在重要的现实意义。

最后，社会资本对创新影响的机制的内隐性。越来越多的学者试图打开社会资本影响创新的"黑箱"，从不同的角度进行各种努力和探索。然而，由于社会资本的不可触摸性及创新的不确定性，导致社会资本对创新影响的机制十分复杂。更为主要的是，现有研究较多地就中介效应论中介效应，而没有夯实的理论基础作为研究支持，导致中介效应的引入十分突兀且缺乏足够的说服力。

第三章　理论基础与理论模型构建

　　本章主要介绍了本研究的理论基础及理论模型构建。主要分为两个部分，一方面，介绍了本研究所依托的主要理论基础，主要包括资源基础理论、社会资本理论、知识管理理论、创新理论和"场"的思想，介绍了主要基础理论的历史沿革、内涵与定义及最新进展；另一方面，在前文分析的基础上，基于主要基础理论，针对本研究拟解决的问题，进行理论拓展，借鉴"场"的思想构建本研究的理论模型，为下文的假设提出与实证分析打下基础。

第一节　理论基础

　　本研究主要探讨企业内部社会资本对产品创新的影响，并探析知识螺旋的中介作用，因此，本研究主要涉及的理论基础包括资源基础理论、社会资本理论、知识管理理论、创新理论和"场"的思想。

一　资源基础理论

（一）外生论与内生论的争论

　　从战略管理理论出发，关于企业竞争优势的根源始终存在争论，即以产业分析理论为代表的外生论和以资源基础理论为代表的内生论。两种理论的论战是学术界和实践界对企业竞争优势思考不断深入的必然结果，同时两种理论也在互相借鉴以期自身的愈趋完善。

　　外生论认为，企业的竞争优势来源于企业外部，是产业环境和市场共同作用的结果。由于新古典经济学一直将企业视为"黑箱"，是同质技术上的投入产出系统，所以 Porter（1980、1985、1990）认为，产业结构分析时建立竞争优势的基础，理解产业结构永远是战略分析的起点。这种思想曾长期主导主流经济学界、管理学界和企业经营实践。

　　然而，进入20世纪80年代以来，许多企业纷纷清理非核心业务，以便摆脱外围业务对核心业务的拖累，这次归核化浪潮使得人们对外生论的产生广泛质疑。随着理论研究和实证分析的不断深入，特别是 Lippman 和 Rumelt（1982）的实证研究发现产业中长期利润率的分散程度比产业间的分散程度要大得多，引发了人们对外生论将企业竞争优势归结于行业结构与市场力量的反思。于是，一股将研究焦点重新转向企业内部的潮流于20世纪80年代中期涌现。Wernerfelt（1984）于 *Strategic Management Journal* 发表的"A Resource—based View of the Firm"认为，从资源视角而不是从产品视角对企业进行分析十分必要，参照波士顿 BCG 矩阵，提出资源位置壁垒的概念，并构建了资源—产品矩阵，为从资源视角出发进行战略选择提供了新的工具。这篇著作引起巨大反响，标志着资源基础理论的诞生。

　　（二）历史沿革

　　资源基础理论作为一种内生论的典型代表，是对 Marshall 内生论的继承和发展。Marshall（1890）将企业成长规律阐述为"一个企业成长、壮大，但以后也许停滞、衰朽，在其转折点存在着生命力与衰朽力的平衡或均衡"，揭示了企业内在性特征对企业绩效影响的内生理论。

　　在此基础上，很多学者关于企业的研究为资源基础理论的形成奠定了夯实的基础。Coase（1937）引入交易成本的概念来解释企业的本质和局限，为资源基础理论的形成提供了企业理论准备；Selznick（1957）认为，企业需要将组织自身的内部资源和外部机会相匹配才能取得成功，这也是 SWOT 分析的雏形；Penrose（1959）把企业描述成被一个行政管理框架协调并限制边界的资源集合，认为企业的内部资源是企业成长的动力和源泉，学术界把 Penrose 看成是资源基础理论学派的鼻祖；Chandler（1962、1977）认为市场规模的扩大和新产品技术发明的引进可以为企业带来潜在的收益，但是这些都是以组织内部的问题、计划和控制得到良好解决为前提的；Williamson（1975）基于 Coase 的交易成本理论，进一步延伸整合，提出一套完整的交易成本理论构架，包括交易成本的成因、特征以及治理结构与契约形式。这些前人的研究重点在于肯定了资源的重要性以及其对企业绩效的重要影响。同时，在其他领域，最为突出的产业经济学和组织经济学为此作出了特别的贡献。

在此基础上，Wernerfelt 提出了资源基础理论，开辟了管理研究的一个新范式，标志着资源基础理论的诞生。Wernerfelt 之后，美国学者 Barney（1986）相继发表了两篇论文，虽然没有直接引用 Wernerfelt 的观点，但是，正如 Barney（1991）所说，其关于战略要素市场和期望值的作用的论断显然是以资源基础理论为研究框架的。Barney 提出的研究范式为其他领域学者所推崇，并对其理论基础逐渐加固。多数学者也公认 Barney 为现代资源基础理论之父。

至此，资源基础理论引起管理学研究者的普遍兴趣。Mahoney 和 Pandian（1992）认为，资源基础理论为企业实现持续竞争优势提供了理论基础，当资源得到有效控制，竞争者将无法复制资源产出，最终将形成一种竞争性壁垒。这些研究表明，企业可以通过其持有的独特的资源获得持续竞争优势，而且这些资源应该是不易从市场获得、不易转移且不可复制的。并且可以看出，并不是企业所拥有的所有资源都能为企业带来持续的竞争优势。企业间的绩效差异是资源异质性的必然结果，而资源基础理论正是关注与这些能够做到与众不同以至占优的特殊因素。

（三）两种研究框架

企业所拥有的异质性资源是企业能够获得持续竞争优势的内在根源，所以企业应致力于寻求和整合这些能够给企业带来持续竞争优势的异质性资源。为此，Barney 和 Peteraf 提出两种分析持续竞争优势产生和保持的研究框架，并成为资源基础理论后续研究的分析基础。

Barney 的 VRIN 研究框架。Barney（1991）认为，企业竞争优势来源于企业所掌握的异质性资源，这些异质性资源具有价值性（Valuable）、稀缺性（Rare）、不可模仿性（Inimitable）和不可替代性（Non‐substitutable）四大特质，Barney 的 VRIN 研究框架如图3—1所示。其中，有价值性和稀缺性能够使企业实施与竞争者不同的竞争战略，从而拥有竞争优势，而不可模仿性和不可替代性则可以形成一种竞争壁垒，从而确保企业在拥有竞争优势的基础上对此加以保持。此研究框架也成为判断一种资源是否能为企业带来持续竞争优势的一个基本标准。

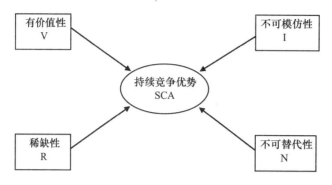

图 3—1 Barney 的 VRIN 研究框架

Peteraf 的 Limit 研究框架。由于 Barney 提出的分析框架是一个静态性框架,所以有学者对其提出了质疑,最主要的是认为 VRIN 研究框架忽视了企业对资源利用的分析。Mahoney 和 Pandain（1992）指出,企业之所以能够获得经济租金,最重要的不是拥有异质性资源,而是其具有对这些资源加以合理整合与运用的能力。Peteraf 认为,企业必须对其所拥有或控制的资源加以合理组织才能获取持续竞争优势,据此提出了资源基础理论的 Limit 研究框架。同 Barney 的 VRIN 研究框架类似,Peteraf（1993）认为,企业拥有或控制的资源必须具备四个条件才能为企业带来持续竞争优势,即异质性（Heterogeneity）、对竞争的事前限制（ex post limits to com-petition）、不完全流动性（Non – flowable）和对竞争的事后限制（ex ante limits to competition）,Peteref 的 Limit 研究框架如图 3—2 所示。此研究框

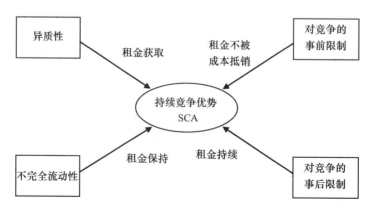

图 3—2 Peteraf 的 Limit 研究框架

架不但给出了基于资源的企业持续竞争优势获取和保持的分析方法，更为重要的是，其对资源与经济租金之间的关系进行了阐述。由图3—2可以看出，资源的异质性可以确保经济租金的获取，不完全流动性则可以将经济租金保持在企业内部，同时，对竞争的事前限制和事后限制分别保证了以低于经济租金的成本获得优质资源并长期保持对已获取的经济租金的占有，实现租金持续。

（四）一个新兴分支——能力观

针对质疑和批评，Barney（1997）以及Barney和Wright（1998）对VRIN研究框架进一步加以完善，认为企业不仅要占有VRIN资源，还要充分利用这些资源才能获得持续竞争优势。Dierickx和Cool（1989）以及Teece、Pisano和Shuen（1997）指出，基于路径依赖型学习不断发展起来的动态能力将确保企业在竞争中永远保持领先地位，并持续获得超额回报。这些研究表明，能力观作为资源基础理论的一个分支理论逐渐涌现并发展壮大。能力观突出了能力在企业获得持续竞争优势中的关键作用，认为企业具有对其所拥有的资源进行配置的能力。能力满足有价值性、稀缺性、不可模仿性和不可替代性等属性，因而成为企业获取持续竞争优势的源泉。虽然能力观学派的部分学者对资源基础理论展开严厉的批评和质疑，但是无可否认，从资源基础理论对能力的定义出发，能力也是企业所拥有的一种独特资源。正如Makadok（2001）所说，资源基础理论和能力观经常为企业同时采用，而不是互相孤立的，资源与能力互相影响并互相促进，最终目的均是创造经济租金。Newpert（2207）在对资源基础理论进行初创性实证研究时明确表示，能力观是资源观的一个分支理论。

（五）简要述评

由于经济社会的现实需要，资源基础理论已经逐步取代产业经济学研究范式并占据主流地位，而且不断地发展和自我完善。

从研究视角来看，资源基础理论最初关注于"What"方面，及注重研究资源基础理论的基本概念；通过对基本概念的深入研究及研究共识的达成，资源基础理论转向于"How"视角，即研究企业如何获取资源以及利用资源达到对持续经济租金的占有。

从研究内容来看，资源基础理论最初关注于静态的资源研究，即如何得到竞争对手无法得到的VRIN资源。由于资源获得变得越来越容易，如何整合和开发资源潜力成为资源基础理论关注的主要内容，能力观应运而生。

从研究方法看，资源基础理论有逐渐从规范研究转向实证研究的趋势，但并不明显，且行动比较缓慢。

正如前文所述，资源基础理论偏重于静态均衡分析，缺乏对资源获取、产生过程及具体影响机制的动态分析。正像现代企业资源基础理论之父 Barney 所承认的那样，资源基础理论有史以来便缺乏对过程和操作足够的关注。

二 社会资本理论

社会资本是一个社会学概念，意指社会网络之内与之间的联结。虽然社会资本被认为是解决现代社会问题的"包治百病的良方"，但有关社会资本的定义却因角度不同而纷繁多样。可以肯定的是，各种有关社会资本的定义都遵循这样一个假设，即物力资本和人力资本一样，社会网络或社会联结是具有价值的，能够提高个体或组织的生产率。

（一）历史沿革

从文献梳理来看，社会资本一词最早出现于古巴教育学家 Hanifan 在1916 年发表的"The Rural School Community Center"一文中，其论述了地方政府如何支持农村教育，并用社会资本的概念说明了社会交往对教育的重要性，他将"社会资本"界定为"那些占据人们大部分日常生活的可感受的资产，即良好的愿望、友谊、同情，以及作为社会结构基本单位的个体和家庭间的社会交往"，这是对社会资本一词的最早探索。

时至今日，社会资本已由社会科学不同领域学者从各种角度作出了阐释。现代意义上的社会资本概念则是由美国著名学者 Jacobs 于 20 世纪 60年代提出。Jacobs（1961）虽然并没有给出明确的定义，但其用社会资本一词表征社会网络的价值，并指出网络是一个城市不可替代的社会资本，这种将社会资本界定为"邻里关系网络"的做法一直被沿用至今，成为研究社会资本的主要范式之一。政治学家 Salisbury（1969）则认为，社会资本是利益集团组成的关键因素。对比于文化资本、经济资本和象征资本，社会学家 Bourdieu（1972）开创了社会资本研究的社会网络分析视角，对后续研究具有重要的借鉴意义。Coleman（1988）对社会资本概念加以发展与推广，为社会资本作出了全面的界定。20 世纪 90 年代，由于世界银行研究计划对社会资本的关注，以及以 Putnam（2000）和 Putnam、

Feldstein（2003）等学者为代表的一系列主流著作的面世，社会资本理论逐渐开始流行。

（二）内涵与定义

社会资本的广泛流行部分原因在于其适用范围之广，而适用范围之广又导致了其定义的多样性。社会资本已被广泛地运用于解释卓越管理绩效、群体绩效提高、战略联盟价值源泉和扩大的供应链关系。

早期对社会资本的定义主要关注社会资本作为一种资源能够被公共物品或个人利益所用的程度。在组织层面上，以 Putnam 及其追随者为代表人物。Putnam（1993）认为，社会资本可以促进组织内的合作与相互支持的关系，可以作为一种解决社会无序（比如犯罪）的有价值的方法；Putnam 及其追随者认为社会资本是构建和维持民主的关键因素。在 Putnam 看来，电视机的普及和城市化的蔓延造成人们之间疏于联系。同时，Putnam 相信，可以通过测量一个组织或两个个体之间的信任和互惠的数量来表征社会资本。另外，Huber（2009）认为，社会资本是可以或可用于某种行动镶嵌于社会网络之中的某种资源，这种基于网络的社会资本概念也可以用来刻画集体社会资本（如组织或企业集群）。

与之相对应，在个体层面上以 Bourdieu 和 Coleman 为代表人物。从资本的形式出发，对比于文化资本、经济资本和象征资本，社会学家 Bourdieu（1970）将社会资本定义为"实际或潜在资源的集合体"，并从社会网络分析的角度指出，主体拥有的社会资本取决于其能有效动员的网络的规模程度。其指出社会资本不能独立于经济资本或文化资本而单独存在，也不能还原为文化资本或经济资本，但社会资本可以起到增效器的作用。虽然 Bourdieu 并没有对社会资本概念加以完善，但其开创了社会资本研究的社会网络分析视角，对后续研究具有重要的借鉴意义。Coleman（1988）对社会资本概念加以发展与推广，将社会资本官能地界定为"具有两个共同特征的各种实体：一方面这些实体都包括社会结构的某些方面；另一方面其为社会结构中的个体行动提供便利"，即社会资本是由关系网络、互惠、信任和社会规范产生的有利于参与者某种行动的生产要素，这一概念基本上为社会资本作出了全面的界定。在 Coleman 看来，社会资本是一种中性资源，可以激发任何一种行为，社会资本是好是坏完全依赖于个体对其怎么加以利用。与 Bourdieu 相似，Lin、Cook 和 Burt（2001）关于社会资本的定义也更加偏重于个体层面，他们认为，社会资本是一种基于预期回报对社会关系的一种投资。Uzzi 和 Dunlap（2005）更加注重个体从社会关系网络中获得的利益，认为社会资本可以促进个体接近信息和技能并扩大自己的能力。这种观点认为，个体利用社会资本是为了个人职业生涯的发展，而不是为了组织的利益。

Fukuyama 认为，关于社会资本的定义并无定论，他指出，社会资本就是一种能够促进社会合作的存在于社会关系中的共享规范和价值观。他认为，社会资本是成功发展的必要前提，而构建社会资本需要强有力的法律和政治机构，强社会资本对强民主和强大的经济增长至关重要。Fukuyama 同时指出，家族主义是信任的最大问题，家族主义会导致两极分化的道德体系，因为个体必须迎合家庭成员的意见。他认为，桥梁式社会资本是强社会资本的本质所在，因为信任的广阔半径能够促进跨组织联系并为组织提供一种基础。虽然 Fukuyama 提出许多问题及解决问题的途径，但他自己也承认，构建强社会资本还有很多事情要做。

社会资本基金会 TSCF 指出，不应该将社会资本与其表现相混淆。例如，公众参与是社会资本的一种表现形式，但并不是社会资本本身。TSCF 认为，社会资本是与组织精神相近的一种集体精神气质。

（三）三种形式

关于社会资本的形式问题，现在研究一般遵照 Nahapiet 和 Ghoshal 的三分法。Nahapiet 和 Ghoshal（1998）在研究社会资本对智力资本创造的影响时指出，社会资本应该被分为三个维度，即结构维度、关系维度和认知维度。

首先，结构维度是指行动者之间联系的整体模式，是社会关系网络的非人格化方面。社会资本的结构维度是指个体营造与系统内其他个体弱联系或强联系的一种个体能力，结构维度的焦点在于源于个体、集体或网络构成的优势。有关强联系与弱联系的区别，Granovetter（1973）有比较详细的论述，简单地说就是接触的强度不同。

关系维度社会资本关注个体联系之间的人格化方面，是指通过创造关系或者由关系手段获得的资产，包括信任与可辨识的身份。Hazleton 和 Kennan（2000）认为除了信任与可辨识的身份以外，关系维度还应包括沟通，因为利用社会资本解决信息交换、问题识别与处理以及冲突管理需要良好的沟通。

依照 Boisot（1995）以及 Boland 和 Tenkasi（1995）的观点，为了达

成某种交换，有意义的沟通至少需要某些共享语境。而认知维度社会资本指的是提供主体间共同理解的表达、解释与意义系统的那些资源，比如语言、符号和文化习惯及组织缄默知识等。

（四）简要述评

社会资本理论的涌现激起了学术界对一个古老命题的重新认识，即信任、社会网络与现代工业社会发展的关系问题。通过整合古典社会学理论，社会资本以一种无形资本的形式得到重视。正如 Ferragina（2010）所说，社会资本理论的提出，已经超越了传统资本的定义，使得研究者可以以一种新的方法研究问题。

社会资本理论在展现其巨大生命力与解释力的同时，也不可避免地暴露出各种不足与缺陷。

首先，社会资本的定义问题。正如前文所述，由于社会资本应用范围之广，导致了社会资本在不同领域有着不同的含义，这一方面体现了社会资本的普适性；另一方面也使得社会资本的科学性底气稍显不足。这也是被对社会资本理论持怀疑态度的学者所诟病的一大硬伤。

其次，社会资本的度量问题。同社会资本定义的不确定性一样，社会资本的度量也没有统一的说法，这一方面是由于其定义的模糊性所致；另一方面也是有其本身不可触摸的特性所致。然而，既然社会资本被称为一种资本，就应该遵循资本的一套规则，如存量和度量问题。现有的社会资本度量多采用间接度量的方法，这导致了准确性缺乏，也引起学者对其确定性的怀疑。

最后，社会资本的消极性问题。社会资本一词本身是中性的，本无积极与消极之分，关键在于如何利用。与弱联系与强联系两个概念的提出一样，社会资本并不是一直起到积极作用，社会资本越多（如果间接衡量可行的话）并不一定带来高的产出。已有学者开始关注社会资本对绩效影响的拐点问题，但是，由于社会资本度量的困难，导致学者只能分析拐点的存在但无法预知拐点的具体位置。

三　知识管理理论

"知识是唯一有意义的资源。"自 20 世纪 90 年代开始，学术界和实践领域掀起了知识管理的热潮。知识管理由组织内部一系列见解和经验的辨识、创造、提出、扩散与采纳的战略与实践构成，这些见解和经验由镶嵌于个体或组织过程与实践之中的知识组成。

知识管理主要聚焦于组织的一系列目标，如绩效、竞争优势、创新、学习经验共享、组织整合和持续提升。组织学习是知识管理的一部分，区别在于，知识管理聚焦于更加广泛的将知识作为一种战略资产加以管理，而组织学习则聚焦于对知识共享的鼓励与支持。

鉴于知识管理的重要性，许多公司和非营利组织内部都有专门的资源用于知识管理，主要是作为公司战略、信息技术或人力资源管理部门的一部分。一些咨询公司也负责提供知识管理战略或建议。

（一）历史沿革

知识管理成为一门科学学科始于20世纪90年代初期。知识管理最初只是被实际工作者所支持，直到Edvinsson作为第一个首席知识运营官（CKO）的出现。CKO的主要职责在于管理与增值组织的无形资产。随着时间的推移，CKO不再仅仅引起企业实践的追捧也引起了理论界的关注，开辟了新的研究领域。

知识管理理论经由日本一桥大学的Nonaka和Takeuchi、巴布森学院的Davenport以及纽约大学的Lev等学者的不断努力逐渐发展壮大。2001年，曾任《时代杂志》和《哈佛商业评论》编辑的Stewwart撰写了一篇封面短文，高度强调了组织智力资本的重要意义，从此，知识管理理论逐渐完善，主要表现在以下两个方面。一方面，学术界之间更高层次的合作成为一种趋势，特别是独著急剧减少；另一方面，实践工作者的作用发生了改变，其对学术研究的贡献从2002年的高达30%急剧减少为2009年的10%。

由于知识管理理论属于新兴学科，存在很多并没有得到学术界广泛认可的论断和思想，同时因作者及其学派的不同，研究方法也不尽相同。随着社会资本理论的不断成熟，学术界和实践界关于知识管理的学术争论也越来越多，除去思想流派不谈，知识管理的核心部分应该包括人力、工业、技术、文化、结构等不同视角。不同学派从不同的视角观察和解释知识管理，主要包括以下几种分析角度，如实践社区、社会网络分析、智力资本、信息理论、复杂科学和建构主义等。

（二）内涵与定义

由于不同的研究者从不同的视角研究知识管理，导致知识管理至今仍没有一个比较公认的定义。所以应该从最广泛的视角考察知识管理。简单地说，知识管理就是组织从智力资本或知识资本获得价值的过程。一般情况下，这需要与其他人、部门甚至是其他组织进行知识共享以达到创造价值的目的。虽然，IT 技术能够极大地促进知识管理，但是其本身并不是知识管理。

Heifetz 和 Laurie（1997）认为，知识管理实质上是知识获得、创造和使用的过程，其目的在于提升绩效；Allee（1997）认为，知识管理实质上是一个把隐性知识转化成显性知识以便知识分享和更新的过程；Ouintas、Lefrere 和 Jones（1997）则认为，知识管理实际上是对组织内外部知识的发掘、开发、利用、传播和吸收的过程，其目的在于满足组织当前和未来的需求；O'Dell 和 Grayson（1998）认为，知识管理就是组织将正确的知识传递给组织成员，从而帮助组织成员采取正确的行动来提高组织绩效的一个持续性过程，这个过程由知识创造、确认、获取、储存、共享、利用与提高等步骤构成；Gates（1999）主张知识共享是知识管理的重点，他认为只有共享才能使得数据在组织内部流通，只有共享才能将数据分析和整理成有用的信息；Darroch 和 McNaughton（2002）认为，知识管理就是创造或发现知识、管理知识流动、确保知识可以积极有效地得到利用等一系列管理功能，目的在于组织的长期利益；Plessis 和 Boon（2004）认为，在环境日趋复杂的情况下，知识管理应运而生，通过不断循环的过程，对内外部知识进行整理和存储，使知识在组织内转移和扩散，以达到价值创造的目的；Gloet 和 Terziovski（2004）把知识管理描述成一种程序或途径，用来获得可以创造新能力的经验、知识和专长，以期达到卓越的绩效并激发创新，同时指出，知识管理是一系列的连锁反应，包括知识创造、知识评估、知识度量、知识索引、知识转移、知识存储、知识扩散和知识共享等；Plessis（2007）认为，知识管理是一个充满计划的、结构性的管理方法，其将知识视为组织资产，根据企业战略对知识创造、知识共享、知识获得和知识利用等活动进行管理，目的在于扩大公司能力，按照客户需求更快和更有效地提供产品或服务。

（三）知识创造模型——知识螺旋

Nonaka 和 Tadeuchi（1995）对 Polanyi 的知识观加以深入探讨与发挥，确认了"隐性知识"（Tacit Knowledge）和"显性知识"（Explicit Knowledge）的分类，试图取代 Descartes 的分离观，用东方人"天人合一"的整体观解释创造知识的途径。

所谓"隐性知识"是指与特定环境相关的个人知识，隶属于个人经验与直觉，难以正式化和形式化，且难以进行交流，主要包括企业和员工的经验、技术、习惯等。此类知识是主管的、自悟的知识，涉及个人的认知与意念。所谓"显性知识"是可以用形式化、系统化的语言或文字加以表述的可以进行传递的知识，包括文件、手册、报告、程序、图片、音像等方式。此类知识是客观的、理性的知识。在激烈的竞争环境下，企业的立身之本在于组织的隐性知识的积累和转化与运用，只有隐性知识才具有独创性和不易模仿性。

基于对知识的两分法，Nonaka（1994）首次提出了知识创新的 SECI 模型，紧接着 Nonaka 和 Takeuchi（1995）进一步阐释了知识创新的 SECI 模型，并且基于 SECI 模型阐述了"知识螺旋"（knowledge spiral）的概念，即"知识创新模式"。Nonaka 也因此被誉为"知识创造理论之父"和"知识管理的拓荒者"，其与 Takeuchi 合著的 *The Knowledge - Creating Company：How Japanese Companies Create the Dynamics of Innovation* 被认为是知识管理理论产生的标志，具有里程碑意义。

知识螺旋模型是迄今为止研究企业知识创新模式引用最为广泛的模型，也被称为"知识管理文献中被引用次数最多的理论之一"。知识螺旋的目的在于从既有知识追求目标知识，从而减缓知识落差或跨域知识鸿沟（Knowledge Gap）。知识螺旋分为四种模式：首先，由隐性知识到隐性知识的"共同化"（Socialization），也称之为群化过程，是共享体验并由此创造诸如共有心智模式和技能之类隐性知识的过程，主要通过经验分享的方式，身体力行而达成隐性知识创造的过程；其次，由隐性知识到显性知识的"表出化"（Externalization），是创造概念的过程，主要通过对话或集体反思用语言等形式将想法和诀窍表达出来；再次，由显性知识到显性知识的"联结化"（Combination），也称为融合过程，是将各种概念综合为知识体系的过程，可以进一步创新、分享和传播知识，达到知识增值，主要通过文件、会议、电话交谈或计算机通信网络等媒介来实现；最后，由显性知识到隐性知识的"内在化"，经过共同化、表出化和联结化三个过程，以共有心智模式或技术诀窍的形式内化到个人的隐性知识库，从而变成有价值的资产，这个过程与"干中学"（Learning By Doing）有着密切的关系。

Nonaka 和 Takeuchi 不但给出了知识螺旋模型，解释了知识转化的模式，而且利用"场"（Ba）的概念解释了知识创造的场所。"场"是指连接时间与空间的知识创造场所，既可以指物理的场所如会议室等，也可以指虚拟的场所如电话会议等，还可以指精神场所如共同的理想、相似的观念和经历等。"场"的概念之所以重要，是因为"场"是知识的诞生之地，同时也反映出知识的特性。只有在适当的情境下，知识才会被共享、创造、积累与活用。对照知识螺旋的四种模式，"场"也有相应的四种类型：首先，创始"场"（Originating Ba），用于彼此分享经验、灵感等隐性知识的场所，以彼此之间的面对面、共鸣与共享的经验为基础；其次，对话"场"（Interacting/Dialoguing Ba），用于概念创造的场所，要求以一定的使命为目标进行对话；再次，系统"场"（Cyber/Systemizing Ba），用于知识的传达和共享的场所；最后，实践"场"（Exercising Ba），用于知识内化的场所，通过有效体验以完成显性知识隐性化的知识螺旋过程。知识螺旋模型如图3—3所示。

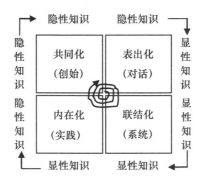

图3—3　知识螺旋模型

（四）简要述评

自20世纪90年代以来，知识管理理论得到蓬勃发展。由于其广泛的适用性及对当今社会现状的准确捕捉，知识管理理论在多个领域展现了旺盛的生命力，并不断地自我完善。然而，不可否认的是，知识管理理论仍然存在着某些不足。

首先，定义的模糊性。对于新生理论来说，定义的模糊性似乎是一个不可避免的缺陷。虽然不同领域的学者试图超越自己领域的桎梏对知识管理加以通俗化的定义，但至今为止仍没有一个令所有学者信服的定义提出。定义的模糊性在某种程度上限制了知识管理研究的普适性，其科学性也会引起或多或少的质疑。

其次，知识度量的不确定性。传统财务或会计报表只关注传统资本，而没有对知识加以过多的关注。当然，知识本身就是一个很难具体衡量的概念。

最后，知识螺旋的片面性。从企业面对的大环境而言，企业外部知识与内部知识相比，即使不是同等重要，也是具有举足轻重的地位的。然而，知识螺旋关注的是知识在企业内部的转化与螺旋上升，忽视了企业外部知识对企业无时无刻的影响；另外，知识螺旋模型的视角过于关注两类知识的转化而忽略了知识的"生产"流程，事实上知识创新（两类知识的转化与螺旋）是隐匿并贯穿于知识的"生产"流程的，包括知识识别、知识获取、知识整合、知识共享和知识运用。

四　创新理论

创新一词源于拉丁语，其词义可以追溯至 1540 年，原意是指更新或改变。创新是经济学、企业管理研究、创业研究、设计研究、技术研究、社会学和工程学等研究的重要命题。简单地说，创新一词与过程产出同义。然而，经济学家试图关注从创意的产生到转化为某种有用的产品直至其投入使用的过程本身，以及创新过程所包含的内部系统。因为创新被认为是经济增长的主要驱动力，特别在其创造新产品种类或提高生产率等方面，所以能够激励创新的因素被政策制定者尤为关注。事实上，创新经济学派致力于带动创新与增长的公共政策研究。一般情况下，创新会带来效率、生产率、质量、竞争位置、市场份额等方面的积极改变。创新有时候也是具有消极作用或破坏作用的，因为新的发展会改变甚至摧毁旧的组织形式和实践，因此，创新是具有风险的。

（一）历史沿革

创新作为一种理论可以追溯到 1912 年美籍奥地利经济学家 Schumpeter 所著的《经济发展理论》（*The Theory of Economic Development*：*An Inquiry Into Profits*，*Capital*，*Credit*，*Interest and the Business Cycle*），Schumpeter 也因此闻名于整个经济学界。

Schumpeter 兼收并蓄地借鉴 Bohm‑Bawerk 的价值时差论、Wieser 的边际效用价值论、Marshall 的局部均衡论和 Walras 的一般均衡论，提出了创新理论。Schumpeter 认为，经济发展是经济生活本身所发生的非连续性变化与运动，是某种破坏均衡而又恢复均衡的力量发生作用的结果，这种推动经济发展的内在力量就是"创新"。Schumpeter 的整个经济理论体系都是以创新为核心来解释资本主义的发生、发展及其变化规律，他还将经济理论的逻辑分析与资本主义发展的历史过程结合起来，对资本主义经济运行进行了实证性的动态考察。《经济发展理论》也被誉为"西方经济学界第一本用创新理论解释和阐述资本主义的产生和发展的专著"。

Schumpeter 指出，创新是"生产要素的重新组合"，即把一种前所未有的生产要素或生产条件的新组合引入到生产体系，建立一种新的生产函数。因而创新从一开始就具有经济属性，从属于经济范畴，而不是技术范畴。也就是说，创新并不是技术上的发明创造，而是将发明创造引入到生产经营，形成新的生产优势，从而形成一种新的生产能力。因此，创新包括五个方面内容：引入一种新产品或提供一种产品的新质量；采用一种新技术或生产方法；开辟一个新市场；获得一种原材料或半成品的新来源；建立一种新的组织形式。

第二次世界大战后，伴随着新技术革命的迅猛发展，西方经济学家对创新理论进行了进一步讨论与发展，并形成了当代西方创新经济学，即以技术变革和技术推广为研究对象的技术创新经济学和以制度建设与制度变革为研究对象的制度创新经济学。

技术创新经济学方面，Solow（1957）提出增长速度模型，分析技术进步的作用，并建立了著名的技术进步模型；美国经济学家 Rostow（1960）提出经济起飞的六阶段理论，将"创新"的概念发展为"技术创新"，把"技术创新"提高到"创新"的主导地位，但并没有对技术创新加以明确界定；技术创新定义的首次明确界定是由 Enos（1962）提出，其认为技术创新是多种行为综合的结果，这些行为一般包括发明的选择与识别、资本保证、组织建立、员工招聘、市场开发及产品生产与分销等，这是技术创新定义的首次确定；Freeman（1987）认为技术创新不是企业孤立的行为，而是由国家创新系统推动的，由此提出了国家创新系统理论，将创新主体的激励机制与外部环境有机结合起来，并相继发展了区域创新、产业集群创新等概念和分支理论。

制度创新经济学方面，Davis、North 和 Smorodin（1971）采用新古典经济学中的一般静态均衡和比较静态均衡的方法，研究了制度变革的原因和过程，对制度创新进行了较为系统的阐述，并提出了制度创新模型。Davis、North 和 Smorodin 指出，制度创新与技术创新一样，都是以获取利益为目的，制度创新就是指能使创新者获得追加利益的现存制度的变革。制度创新与技术创新的不同点主要在于，制度创新不像技术创新那样受物质资本寿命的影响，并且制度创新并非基于技术上某种新发明而是基于企业组织形式或经营形式的新发明。North 也因为建立了包括产权理论、国家理论和意识形态在内的制度变迁理论而获得 1993 年诺贝尔经济学奖。

另外，随着各个领域问题的逐渐显现，伦理受到了创新的巨大挑战和冲击，如何在伦理范围内合理地开展创新活动成为一个亟待解决的课题。20 世纪 80 年代以来，鉴于各种社会矛盾的不断激化，学术界从不同角度论述了伦理与创新之间的关系，虽然文献不多，但是涉及教育/文化、医学、经济、生态、社会、制度、生物和 IT 等多个研究领域，呈现出百花齐放的态势，并成为研究热点之一。伦理不能只是一种口号或一种姿态，而应该成为创新活动的基本约束，对创新活动作出必要的道德指导。摆脱技术伦理的迷雾独立发展的创新伦理，无论是作为伦理学的一个分支还是作为创新研究的一个方面，都是一个必要且迫在眉睫的命题，特别是在创新伦理规约下的创新价值评价问题应该得到重视。

（二）内涵与定义

在技术、商业、社会系统、经济发展和政策制定等领域存在大量的创新研究，因此，对于创新的概念同样有各种各样的定义方法。

创新的定义首先是由 Schumpeter 提出的，Schumpeter（1912）认为，创新是指把一种前所未有的生产要素或生产条件的新组合引入生产体系，建立一种新的生产函数。

Cabral（1998、2003）认为，网络中的创新是指可以通过改变网络元素和节点进而持续降低成本的某种因素。

Cardinal、Allessandri 和 Turner（2001）认为，创新过程包括构成新产品开发流程的技术活动、物质活动和知识活动。

Herkema（2003）将创新定义为一种知识过程，目的在于为新产品商业化过程而创新新知识，因此创新包括嵌套于产品或服务之中的知识获得、共享和知识创造。Herkema 同时指出，创新是一种对于组织来说新构思或行为的采纳。因此，创新可以是新产品，也可以是新服务或新技术，可以是突破性的，也可以是渐进性的。

Chen、Zhu 和 Xie（2004）认为，创新是指将生产关键要素的新组合引入生产系统，创新能够带来满足消费者需求的新产品或新技术，所以创新包括新产品、新技术、新市场、新材料和新组合。

Gloet 和 Terziovski（2004）将创新描述为以新产品、新工业为目标的发现与发明的实施。Gloet 和 Terziovski 认为渐进性创新是指现有产品的延伸或改良，渐进性创新通常是市场拉动的结果，其不需要对现有企业实践的显著剥离，因此更有可能通过提供构建现有专业知识来增强内部竞争力；突破性创新一般具有破坏性，因此时常会使现有知识和技能变得冗余，因此需要不同的管理实践，突破性创新由于其更加难以商业化所以经常会令企业面临风险。由于涉及某些可能改变现有市场结构的新技术的应用与发展，所以突破性创新对于企业长期成功至关重要。Gloet 和 Terziovski 同时指出，同时进行突破性创新与渐进性创新两种形式创新的企业比只进行一种创新的企业更成功。

Plessis（2007）将创新定义为有利于新商业产出的新知识与新创意的创造，目的在于提高内部商业流程和结构，并创造产品市场和服务市场。

（三）一个新范式——创新价值链

创新对于企业、区域乃至国家的重要性毋庸置疑，然而创新的内部运作机制一直是一个"黑箱"，创新价值链（Innovation Value Chain，IVC）的提出正是要探究创新"黑箱"内部的机理。

Hansen 和 Birkinshaw（2007）为了解答企业不能够很好地进行创新这一困惑，提出了"创新价值链"的概念。类比于波特的价值链，Hansen 和 Birkinshaw 把创新视为一个三阶段的连续的过程，包括创意产生（idea generation）、创意转化（idea conversion）和创意扩散（idea diffusion）。同时，这三个阶段还包括六个关键活动，即内部导入、跨部门导入、外部导入、创意筛选、创意开发和创意扩散。涵盖六个关键活动的这三个阶段形成了一条从创意到转化为商品的完整的活动流，即创新价值链。其基本模型如图3—4加以描述。

创新价值链的第一步是创意产生。创新价值链认为，创新始于创意的产生。创意的产生主要包括内部导入、跨部门导入和外部导入三条主要途径。传统上，内部导入得到充分的重视，但是其他两种途径也不应该被忽视。跨部门导入主要是综合各个部门的灵感，促进新创意的产生，但是组织结构的束缚和地域的限制使得跨部门导入很难实现。外部导入是指从企业外部甚至是产业外部寻找灵感和创意，主要包括顾客、竞争者、供应商、高校、投资者和科学家等，很多企业在这一方面做的努力还不够，导致错失了创新的机会和较低的创新产出。

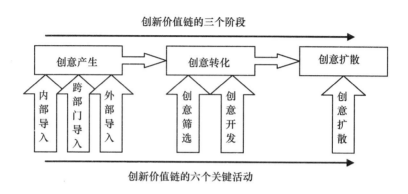

图 3—4　创新价值链模型

创新价值链的第二步是创意转化。创新价值链认为，没有强有力的筛选机制和资金支持机制，新概念是不会成为现实的，相反却有可能成为组织的瓶颈和麻烦。所以，这一阶段包括两个关键步骤，即创意筛选和创意开发。创意筛选和创意开发是很多企业在创新过程中面临的棘手问题。创意筛选的目的在于从众多的创意中筛选出既符合市场需求又切合组织战略的创意，这样可以避免时间和财力的浪费，可以集中资源于可操作的创意；创意开发则是指使得创意得到决策层的重视和同意，并取得足够的资金支持，如果好的创意得不到开发，创意的源泉就会枯竭。

创新价值链的第三步是创意扩散。创新价值链认为那些已经导入、经过筛选的并得到资金支持和开发的概念和创意仍然需要被买进，并且不仅仅是顾客的买进。组织需要将新产品扩散到所有可能的地域、渠道和顾客群。创意扩散是创新价值链的最后结果和最终目的。

创新价值链的提出为致力于创新的组织提供了实施创新的框架，为苦于创新不善的组织指明了方向，其主要贡献在于以下几个方面。

首先，创新价值链将创新视为一个"首尾相连"（end – to – end）的连续的链状流。创新价值链虽然把创新分割为三个部分，但是重点强调这三个部分是首尾相连的，是一个链状（chain）的流（flow）。创意产生是前提条件，创意转化是必经之路，创意扩散是最终目的。这三个部分对于创新来说是一个不可分割的整体，组织创新必须经过创意产生、创意转化和创意扩散这三个阶段才算完成。

其次，创新价值链是木桶原理的很好体现。创新价值链认为，组织的创新能力取决于其创新价值链最弱的一环。这说明，创新价值链的每一个环节对于创新来说都至关重要，不存在互补关系。所以，组织应该关注创新价值链最弱一环的培育和健全，这一点因组织的不同而异。同时，创新价值链指出，只要组织针对正确的问题采取正确的解决方法，经过一段时间，创新价值链上原本最弱的一环也可以转化为最强的一环。

最后，创新价值链具有很强的可操作性。一方面，创新价值链提出了辨别薄弱环节的评价指标，甚至具体到六个关键活动，这有助于组织更好地认识到创新过程中存在的问题；另一方面，针对不同的问题，创新价值链给出了相应的解决方案，创新价值链的可操作性有助于组织更好地意识到组织创新投资的潜能，并为组织带来可观的创新收益。

创新价值链的提出具有重要意义，但是必须认识到该模型的提出时间很短，还并不完全成熟，仍然存在一些不足，主要体现在以下两个方面。

一方面，创新价值链的链条缺失。创新价值链将创意产生视为创新的起点，而把创新动力或者说创新环境排除在外，这似乎表明创新是组织自然而然的事情，不需要动力支持。然而，根据创新的大拇指定律，创新具有很高的风险性和失败率。创新是高风险和高回报相结合的活动，是各种动力共同作用下的结果。所以，创新的起点应该是创新动力，然后才能有创意的产生、转化和扩散。

另一方面，创新价值链的非闭合性。创新价值链将创新过程视为一条首尾相连的链状流，但是流向是单向的，链是开口的。实际上，创意扩散不但是创新的最终结果，也是新一轮创新的参照和动力，创意扩散的结果应该对创意产生和创意转化起到反馈的作用，也就是说，创新价值链应该是一条知识循环流动的闭合链条。

（四）简要述评

创新理论经过100年的发展已经十分成熟，分支学派林立，已然显现"创新理论丛林"的趋势。创新理论所提供的分析理论对学术界影响十分深远，并且得到社会的广泛认同。未来创新理论的发展可能在开放式创新、创新伦理、复杂性创新、全面创新管理等视角继续延伸。另外，由于实际情况的变化以及人们理解的不断深入，创新的定义在不断发展，这一方面丰富了创新理论；另一方面也造成了对创新理解的偏差，使得任何一种改变似乎都可以划归创新论域内。因此，对创新定义的准确描述，以及创新的内涵与外延的科学阐释成为创新理论进一步发展不可回避的重要问题。

五　"场"的思想

"场"（field）首先是物理学界提出的物理学范畴，然后在心理学界和管理学界逐渐推广。19 世纪三四十年代 Faraday 和 Maxwell 首先提出了"场"的概念，"场"是物体间相互作用的媒介。心理学家 Lewin（1936）从电磁场理论得到启发，指出"没有一个地方不受到力场的影响"，任何事物都有力场，力场是所有事物存在的基本方式。正因为力场的存在，任何事物的整体才不等于各组成元素之和。其提出人的行为是他的个性同他所理解的环境的函数，即行为 = f（个性，环境）。心理学家 Koffka 提出了人的行为"场"与环境"场"，有机体的心理活动是一个由"自我—行为环境—地理环境"交互作用的"场"。"场"论主要强调物理现象之间的相互作用，以及这类相互作用关系的连续性或连续过程。

第二节　理论模型构建

本研究把"场"的思想引入到内部社会资本通过知识螺旋中介对产品创新影响这一问题之中，主要是指内部社会资本、知识螺旋、产品创新之间的相互影响和相互作用。一方面，内部社会资本、知识螺旋、产品创新三者之间存在着相互作用，表现为内部社会资本影响知识螺旋、内部社会资本影响产品创新、知识螺旋影响产品创新以及内部社会资本通过知识螺旋中介影响产品创新这四个层次；另一方面，这四个层次的作用并不是一蹴而就的，而是需要长期的积累才能起到作用，这是由内部社会资本存量积累以及知识螺旋的连续性与复杂性决定的。

一　理论拓展

随着社会资本在经济学领域研究的不断深入，社会资本对产品创新的影响问题引起广泛的关注，很多学者从不同角度对这一问题展开了有益的研究。从本研究第二章文献综述所论来看，大部分研究表明社会资本对技术创新能力或技术创新绩效有着显著的影响，也有部分研究表明社会资本能够影响技术创新决策。已有研究为内部社会资本与产品创新关系问题的研究提供了丰富的素材和经验总结。但是仍然存在一些盲点没有触及，最主要一点在于已有研究只是探讨内部社会资本对产品创新某一链条的影响（最突出的是创新绩效），而忽略了内部社会资本对整个产品创新过程的影响及影响机理。本研究将试图探究内部社会资本的不同维度对整个产品创新价值链的影响，以期丰富内部社会资本对产品创新的影响这一命题。

知识经济时代，产品创新的本质在于知识创新，产品创新的实现本质上是以知识转化和知识螺旋为特征的知识创新。内部社会资本对知识创新的影响这一命题已逐渐引起学者的重视，Nahapiet 和 Ghoshal（1998）指出，社会资本将从机会、动机、期望和能力四方面影响组织新智力资本的创造；Anand、Manz 和 Glick（1998）认为，通过连接组织内部的专家有利于知识获得和共享；Hansen、Nohria 和 Tierney（1999）指出，网络组织的契约安排是整个知识创新与管理过程中的重要组成部分，因为它能够激发网络成员进行知识共享和知识学习，进而实现组织知识创新，否则网络行动者就会独自持有知识而不思分享和创新；Dyer 和 Nobeoka（2000）认为，拥有共同的愿景是联盟成员所独享的社会资源，在网络中将会增加各成员企业对于知识共享的承诺，更有利于知识的创新。已有的研究尚处于起步阶段，缺乏系统性，本研究从 SECI 模型出发，分析内部社会资本三维度对知识螺旋的影响机理。

知识创新是产品创新的基础和源泉，产品创新则是知识创新的延伸和落脚点。无论哪一种创新从本质上说都包含着知识创新的影子，可以说知识创新孕育了产品创新。随着知识经济时代的到来和逐步深入，知识成为企业技术创新最关键的资源，对知识以及知识创新与产品创新的关系的探讨逐步展开。Koskinen 和 Vanharanta（2002）通过对小型科技企业技术创新中隐性知识的基础、获得、转化和利用的分析，发现隐性知识，尤其是隐性知识的交流沟通，在小型科技企业创新的初始阶段扮演着重要角色；Yang（2005）通过对中国高技术产业数据的分析得出，知识整合和知识创新对高技术新产品绩效有着显著的积极影响，知识整合和创新绩效的关联视企业的营销能力、制造能力以及知识获得与知识扩散等而定；Popadiuk 和 Choo（2006）指出隐性知识、显性知识及两者之间的交互作用是创新过程的重要组成部分，并详细分析了不同的知识基础对创新的影响；Vaccaro、Parente 和 Veloso（2010）指出，知识管理工具的积极运用对新产品的绩效及其推向市场的速度有着积极的影响，并且影响其财务绩效。已有文献只是泛泛地研究知识以及知识创新对产品创新活动的影响，更多的焦点在于对创新绩效的影响，不同程度上忽视了知识螺旋对整个产品创新价值链的影响机制。知识螺旋对以创意产生、创意转化和创意扩散为主要阶段的整个创新价值链均有着一定影响，存在一定的路径机理。

二　理论模型构建

在前人研究的基础上，基于资源基础理论、社会资本理论、知识管理理论和创新理论，借鉴"场"的思想，本研究认为，企业内部社会资本的结构维度、认知维度和关系维度及其三者之间的关系为知识螺旋以及产品创新提供了"场"，同时，知识螺旋又进一步为产品创新提供了"场"。本研究通过对核心变量逻辑线索的梳理，探究企业内部社会资本（自变量）、知识螺旋（中介变量）、产品创新（因变量）三者之间的运动关系，沿着"社会资本→知识螺旋→产品创新"的思路，构建本研究理论模型如图3—5所示。本研究理论模型是后续研究假设提出的基础及落脚点。

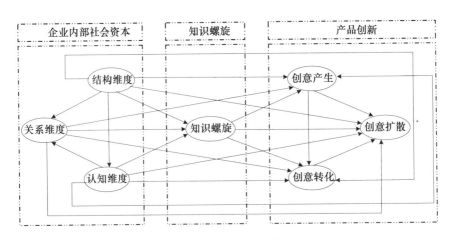

图3—5　本研究理论模型

本理论框架具有以下特点：

首先，深化了社会资本对创新影响时社会资本的考量。社会资本的三个维度对创新的影响机理各不相同，作用也不尽相同；同时，内部社会资本结构维度、认知维度和关系维度三者之间存在一定的影响关系，其共同作用也会对创新产生影响。

其次，扩宽了产品创新实证研究的思路。产品创新是一条首尾相连的价值增值过程，单纯地考察其绩效容易产生偏差。本研究基于创新价值链对产品创新全面考量，希望能够更加精确地找出影响产品创新的内部社会资本因素和知识螺旋因素。

最后，借鉴的概念，构建了以知识螺旋为中介的企业内部社会资本对产品创新影响的分析框架。该分析框架是对前人研究的进一步挖掘和深化。

第四章 研究框架

　　本章主要介绍本研究的研究框架，分析各变量之间的关系并提出研究假设。主要包括六个方面的关系及研究假设：第一，分析内部社会资本三维度之间的关系，并提出待检验假设；第二，分别分析内部社会资本三维度与产品创新的关系，基于创新价值链提出内部社会资本三维度与产品创新价值链的待检验假设；第三，分别分析内部社会资本三维度与知识螺旋的关系，并提出待检验假设；第四，分析知识螺旋与产品创新的关系，基于创新价值链提出知识螺旋与产品创新价值链的待检验假设；第五，分析创新价值链内部的逻辑关系，并提出待检验假设；第六，讨论知识螺旋在内部社会资本与产品创新关系中的中介效应，并提出待检验假设。最后，对所有待检验假设进行汇总，为下文的问卷设计及假设检验提供基础。

第一节　内部社会资本三维度的关系框架及研究假设

　　企业的社会资本可以分为内部社会资本与外部社会资本。内部社会资本是指嵌入在内部关系网络的实际及潜在资源总和。具体地说，企业内部社会资本是指人们为了实现共同的目标，提升组织内部资源交换的效率、信息知识获取的质量，从而加强组织内部各部门间的合作与信任，形成组织的共同愿景，进而提升组织应对外部环境变动并从组织内部获得利益的能力。Nahapiet 和 Ghoshal（1998）首次将社会资本划分为三个维度，包括结构维度社会资本、认知维度社会资本和关系维度社会资本。

　　本研究依照 Nahapiet 和 Ghoshal（1998）的社会资本的划分方法，将企业内部社会资本划分为三个维度，即结构维度、认知维度和关系维度。其中企业内部社会资本的结构维度是指组织内部成员之间的互动与联系，认知维度是指组织内部成员的共同愿景和共同目标，而关系维度是指组织内部成员间的相互信任。同时，Nahapiet 和 Ghoshal（1998）认为社会资本三个维度之间不是相互独立的，彼此之间应该存在一定的相互作用关系。互动、信任和共同愿景三者之间互相影响，互相促进。首先，个体之间通过互动增进彼此之间的交流和了解，可以建立一种持久的信任关系，结构维度为关系维度提供了现实条件；其次，共同愿景使得个体间建立一种基于认知的信任，认知维度为关系维度提供了心理准备；再次，彼此间的频繁互动能够加深共同愿景的认知程度，具有共同愿景的双方将更愿意互动，结构维度和认知维度互相促进。

　　内部社会资本三维度关系框架如图 4—1 所示。下文将详细分析内部社会资本三个维度之间的关系，并据此提出相应的研究假设。

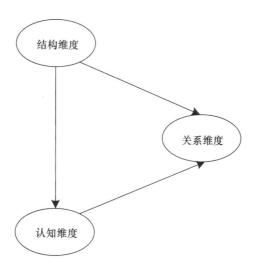

图 4—1　内部社会资本三维度关系框架

一　结构维度与认知维度的关系及研究假设

　　组织成员间的沟通交流可以促进彼此信息的共享，从而有利于共同价值观的形成。Van Maanen 和 Schein（1979）认为，组织内成员间的交互积极影响个体对组织价值观的学习，通过长期互动，个体会逐步认识到并采用组织的价值观、特定的语言和叙事方式。Krackhardt（1990）认为，组织成员之间社会交互对企业愿景的形成有着积极的影响。Kogut 和 Zander（1996）认为，联系的强度是员工间共同语言和共同价值观形成的重要途径。Uzzi（1997）指出，交互的强度对共同语言和价值观的形成和共识有着积极影响，强联系使双方形成富有启发式与独特性的一套语言，进而有利于传递复杂知识。Tsai 和 Ghoshal（1998）指出，通过社会交互，个体可以感知和认同组织语言、编码、价值观和惯例。

同时，组织中具有共同目标和价值观的成员将会更加乐于频繁地进行互动。正如 Malecki 和 Oinas（1999）所言，认知因素会影响社会取向和网络参与观念。

据此，本研究提出如下假设：

H1：组织成员间的互动对组织成员共同价值观和共同目标的达成和深入具有积极影响。

二 结构维度与关系维度的关系及研究假设

个体之间的长期互动能够促进彼此之间的深入了解，从而可以促进情感信任和认知信任的产生。一般情况下，联系的强度越强，信任产生的可能性也就越大，信任的程度也就越深。信任是关系的一个属性，而信赖则是关系中每个个体的属性，表征为联系的结构维度可以刺激以信任表征的关系维度的形成和积累，产生信任的一个重要前提即为交往频率。Gabarro（1978）指出，随着交互的不断进行，个体之间的信任关系将逐渐加强。Garnovetter（1985）指出，强联系个体可以促进信任的形成。Nelson（1989）和 Krackhardt（1992）在论述网络连接强度时暗示，强联系必然包含信任和信赖。Sabel（1993）认为，沟通可以通过互相帮助解决争端和调整感觉与期望的方式促进信任的产生和加深。Uzzi（1997）和 Gabby（1997）都认为，网络中彼此间的强联系能够提高成员间的信任、互惠和义务。Davenport 和 Prusak（1998）认为，处于关系网络中心位置的个体是关系中其他个体相互联系的重要纽带，而处于这种位置也会增加其与其他位置的联系程度，进而更有可能获得网络中其他个体的情感信任。Bayona、García—Marco 和 Huerta（2001）指出，由弱联系引致的彼此间的信息交流对信任的产生和维持至关重要。Levin 和 Cross（2003）通过实证研究发现，个体间的强联系对于个体间的信任的形成和深入具有显著作用。彭泗清（2003）基于中国的实证研究发现，信任程度与关系的密切程度成正比，虽然关系并非是影响信任的唯一因素。彭泗清还指出，信任存在事件区分性，即一方可能在一件事上信任另一方，但不一定在另一件事上也信任或同等程度地信任另一方。罗家德、郑孟育和谢智棋（2007）的实证研究均表明，个体在网络中所处的位置与其信任和被信任的程度之间具有显著的正向关系。

同时，也应该看到，联系强度积极影响信任的同时，信任也在积极影响着联系的强度。Uzzi（1996）指出，信任在嵌入式关系中起到管理机制的作用。郭毅和朱熹（2003）认为，良好的组织内人际网络能产生和提高以信任为表征的关系社会资本，同时，以信任为表征的关系社会资本也可以促进以互动为表征的结构社会资本的产生和提高。

据此，本研究提出如下假设：

H2：组织成员间的互动对组织成员间的彼此信任程度具有积极影响。

三 认知维度与关系维度的关系及研究假设

信任根植于共同愿景。由于拥有共同的愿景、价值观和目标，个体之间可以产生信任，并愿意与有共同愿景、价值观和目标的人持续信任。Ouchi（1980）认为，共同的价值观和共同信仰消除了机会主义行为的可能性，并能够促进一致利益的达成。Barber（1983）指出，信任意味着共同的目标和价值观把彼此联系到一起。Sitkin 和 Roth（1993）认为，信任关系根植于价值观的一致性，即个体价值观和组织价值观的兼容性。Aldrich 和 Fiol（1994）认为，认知过程可以显著影响信任的产生和持续。Zucker（1986）、Kata 和 Shapiro（1994）以及 Lewicki 和 Bunker（1995、1996）同时指出，具有共同的偏好、利益、价值观、行为取向以及基于对对方期望和意图的认同可以促进信任的产生。Tsai 和 Ghoshal（1998）指出，以共同的价值观和愿景为表征的认知维度可以刺激信任关系的发展。Tsai 和 Ghoshal 同时指出，在集体目标和价值观的指导下，组织成员倾向于彼此信任，因为他们彼此相信他们是在为集体的目标而工作，并且不会因其他人对自我利益的追逐而受伤害。罗家德、郑孟育和谢智棋（2007）的实证研究证明，认知维度显著地影响关系维度。

同时，也要注意到，信任也积极影响共同愿景的保持和深化。Kollock（1994）的实证研究表明，良好的声誉与信任呈正相关关系。顾新、郭耀煌和李久平（2003）的实证研究表明，信任度高的团队中，团队成员对团队身份认同度也比较高，不管事先有共同的经历与否，均愿意为团队承担角色外行为。李永锋和司春林（2007）认为，信任和共同价值观相互影响，一方面信任有利于共同价值观的维持；另一方面共同价值观也有助于信任关系的建立。

据此，本研究提出如下假设：

H3：组织成员间共同价值观和共同目标对组织成员间的彼此信任程度具有积极影响。

第二节 内部社会资本与产品创新的关系框架及研究假设

内部社会资本与产品创新关系的研究不在少数，定量研究也有一定的文献。但是，一方面，从企业内部社会资本三个维度分别考察其与产品创新的文献并不多见；另一方面，更重要的是，依照创新价值链对产品创新加以考量的文章尚未发现。本研究将对现有文献进行分析整理，并大胆假设内部社会资本三维度对产品创新价值链的积极影响。内部社会资本三维度与产品创新关系框架如图4—2所示。

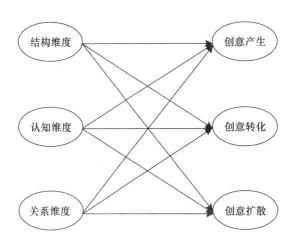

图4—2　内部社会资本三维度与产品创新关系框架

一　结构维度与产品创新的关系及研究假设

组织成员间的交互对产品创新创意产生、创意转化和创意扩散均有积极影响。Ebadi 和 Utterback（1984）指出，技术创新绩效在很大程度上依赖于技术创新过程中沟通的质量。Souder 和 Moenaert（1992）指出，沟通有助于创新的成功。Larson（1992）认为，强联系能够提高信息的理解度，从而促进企业创新。Burt（1992）认为，强联系导致冗余信息缺乏多样性和流动性，而具有结构洞的弱联系则能创造信息优势，进而增强企业的创新能力。Hansen（1999）指出，弱联系可以扮演信息桥的角色，弱联系与新颖信息的获得有着密切相关的关系，可以增大多样化信息的接触面，并且较低的互动频率可以降低关系的束缚以保持一定的灵活性和独立性，从而有利于搜寻或实验新知识，即有利于创新行为的产生。Ahuja（2000）研究了直接联系、间接联系和结构洞对企业最终创新绩效的影响。研究发现，直接联系和间接联系对于创新均有正向影响，同时间接联系对创新的影响强度受到直接联系数量的调节，结构洞对于创新绩效既有直接影响又有间接影响。Regans、Zuckerman 和 McEvily（2004）研究指出，网络结构的特征能够对知识转移的难易程度产生影响，并进而影响创新资源的获取。Madjar（2005）认为，创意的产生主要依靠人与人之间的互动而不是独立思考。蒋春燕和赵曙明（2006）通过实证研究指出，弱联系有利于企业的创新绩效，而强联系与企业创新绩效之间没有显著关系。柯江林和石金涛（2007）认为，松散的网络结构由于拥有更多的结构洞，而处于结构洞端点的团队成员可以接触到更多的信息和知识，这有利于创意的产生。Hulsink、Elfing 和 Stam（2009）通过实证研究认为，弱联系与具有结构洞的松散联系与渐进性创新关系显著，而强联系和突破性创新的关系显著。魏江和郑小勇（2010）通过实证研究指出，强联系与弱联系都能够对突破性创新和渐进性创新产生影响，但在作用机理上存在差异。

据此，本研究提出如下假设：

H4：组织内部成员间的互动对产品创新创意产生具有积极影响。

H5：组织内部成员间的互动对产品创新创意转化具有积极影响。

H6：组织内部成员间的互动对产品创新创意扩散具有积极影响。

二 认知维度与产品创新的关系及研究假设

组织成员间的共同价值观对产品创新创意产生、创意转化和创意扩散均有积极影响。Denison 和 Neale（1996）研究指出，组织文化可以促进组织内成员接受认同组织的共同愿景与价值观，使得成员对自身角色的感知与组织期望相一致，而这种认知行为有利于组织绩效和产品创新成功率显著提高。Malecki 和 Oinas（1999）认为，认知维度对商业技巧、网络参与观念和社会取向均有影响，而社会取向则是促进学习和创新的重要因素

之一。Hotz – Hart（2000）指出，网络互动培育出的共同价值观、目标和
规范，可以为问题的解决提供便利，并促进集体行动与创新行为的发生。
刘朝臣、鲍步云和梁昌辉（2006）认为，企业的创新价值观可以促进企
业内部形成勇于创新的团队精神和价值取向，进而激励员工创新。张成
美、肖志颖和方志华（2008）通过实证调查得出，影响企业创新的三个
主要因素为企业家精神、员工对企业的认同感和企业内部的激励措施，而
这三点都是企业价值观的某种表现形式。霍广田（2010）认为，共同的
价值观对企业创新意识具有导向作用、对创新主体具有激励作用、对创新
环境具有优化作用、对创新实施具有保障作用。

　　据此，本研究提出如下假设：

　　H7：组织内部成员间的共同价值观和共同目标对产品创新创意产生
具有积极影响。

　　H8：组织内部成员间的共同价值观和共同目标对产品创新创意转化
具有积极影响。

　　H9：组织内部成员间的共同价值观和共同目标对产品创新创意扩散
具有积极影响。

三　关系维度与产品创新的关系及研究假设

　　组织成员间的彼此信任对产品创新创意产生、创意转化和创意扩散均
有积极影响。Hogan、Curphy 和 Hogan（1994）认为，信任能有效地降低
监督成本，促进成员间协作行为的发生，并支持成员的创新。Uzzi
（1997）指出，由于创新能力所需的知识在一定程度上是隐性的，难以解
码的，不容易被清晰表达和传递，也就是说，学习和信任对于创新的影响
是间接地通过某种机制起作用。Iansiti 和 West（1997）认为，信任和共
同愿景可以促进伙伴间及时、有效的沟通，进而消除合作中的不确定性，
并增进合作的密切性，提高知识整合能力，使企业更好地把握创新机会。
Yperen、Nico 和 Janssen（2002）指出，若员工的组织信任程度不同，则
会影响员工愿意承担风险的意愿，进而影响员工承担风险的行为和结果，
如创新绩效。夏若江（2005）认为，信任有利于降低创新的成本。Tiwana
（2008）认为，强联系和弱联系对团队层面的创新绩效有互补作用。

　　据此，本研究提出如下假设：

　　H10：组织内部成员间的彼此信任对产品创新创意产生具有积极

影响。

H11：组织内部成员间的彼此信任对产品创新创意转化具有积极影响。

H12：组织内部成员间的彼此信任对产品创新创意扩散具有积极影响。

第三节 内部社会资本与知识螺旋的关系框架及研究假设

在某些特定的情形下，社会机制比市场和科层更有利于内外部资源的利用，社会资本成功解释了组织一系列行为与结果。比如，社会资本理论被越来越多的学者用于解释知识转移和知识创造。有利于个体接近新知识是社会资本的一个非常重要的作用。由于存在着个人理性和集体理性之间的冲突，为了维持特有知识为其带来的影响力以及无法获得知识分享的满意报酬，个体之间并没有主动转移知识的意愿，而更倾向于继续拥有知识的独有权。信息系统在这一问题上表现失灵，并不能增加个体分享知识的意愿。此时，社会资本的桥梁作用得以体现，个体之间的互动、信任以及共同的价值观可以促进个体之间乐于并积极地进行信息和知识的交换。

虽然在多数情况下社会资本三维度不是单独而是通过三个维度的交互对企业知识管理产生影响，但是每个维度有着自己独特的作用机理。下文将分别讨论社会资本三个维度对企业知识管理的影响，内部社会资本三维

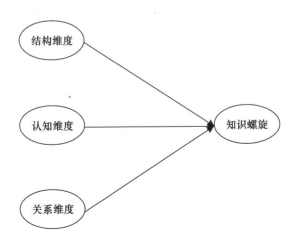

图4—3 内部社会资本三维度与知识螺旋关系框架

度与知识螺旋关系框架如图4—3所示。知识螺旋的本质在于知识共享和知识创造，这里面包括显性知识和隐性知识，所以对社会资本影响知识螺旋的分析可以从知识共享和知识创造的角度加以讨论。

一　结构维度与知识螺旋的关系及研究假设

Tsai 和 Ghoshal（1998）指出，组织内个体之间的社会互动使得不同部门间的边界变得模糊，一个个体可以接触到更多其他个体的知识，可以刺激共同利益的达成，进而为部门之间资源的交易提供更多的机会。

组织成员间的互动和联系有助于知识积累和知识共享的开展。组织成员之间的互动和沟通联系，促进了彼此之间对对方拥有知识的了解，并能够促进相互之间的学习。Ghoshal、Korine 和 Szulanski（1994）通过对跨国公司内部交流合作的研究发现，互动对新思想的传播具有重要作用。Nahapiet 和 Ghoshal（1998）也认为，对组织间关系的恰当利用，可以提升资源交换和信息知识获得的质量，同时也可以加强凝聚力，进而增进隐性知识的转移与交换效率，并且密度和强度较高的联系可以促进情感关系的发展，进而促使个体投入到这种社会联系之中，产生知识交换。Tsai 和 Ghoshal（1998）的实证研究表明，事业部之间的互动可以消除组织边界，进而为事业部之间更多的资源交换提供机会。Davenport 和 Prusak（1998）认为，互动强化了组织内部个体间的沟通与交流，可以削弱知识共享的障碍，从而促进知识的传递与吸收。Inkpen 和 Tsang（2005）认为，社会互动可以为组织成员间的知识共享提供渠道。孙红萍和刘向阳（2007）认为，知识共享发生于社会网络的个体互动关系。周密、赵西萍和司训练（2009）认为，知识活动嵌入于社会关系网络之中，人与人之间的互动是知识共享的必要条件。

组织内成员间互动的质量与数量显著影响彼此间的知识转移，联系的紧密程度和强度对知识转移的数量和质量的影响各不相同。有学者认为，强联系对知识转移影响显著。将联系开创性地分为强联系和弱联系的 Gamovetter（1985）研究发现，个体间不同的关系强度会导致不同强度的信息交流，强联系导致频繁的知识交流，并提供大量的知识转移的机会，个体间频繁交流可以产生强烈的感情依附而更倾向于知识转移，进而大大提高知识转移概率。同时，Gamovetter 指出，强联系个体可以促进信任的形成，这可以增进个体之间的互相了解，从而降低知识搜寻的难度。Von

Hippel（1988）和 Marsden（1990）一致认为，紧密的关系是促进技术诀窍转移和学习的有效机制。Szulanski（1996）认为，人与人之间的强联系更易于知识转移。Tsai 和 Ghoshal（1998）指出，越接近中心位置的个体就越能掌握相关资源并享有更广的收益，其与其他个体知识共享效果也越明显。Hansen（1999）研究表明，组织内成员间频繁的社会互动能够通过增强行动者之间的强联系而促进经验、诀窍、思维方式等隐性知识的共享，从而提高组织内隐性知识的创造。Elfring 和 Willem（2003）认为，企业员工的社会网络积极影响其知识获取，强联系有助于隐性知识的获取，而弱联系则更有助于显性知识的获取。Reagans 和 McEvily（2003）研究认为，网络密度与强度有利于成员间的知识交流，并且指出，由于隐性知识具有高度嵌入性，隐性知识的理解需要通过行为主体之间多次的交互，即隐性知识必须借助强联系才能得以传递。朱方伟、王永强和武春友（2006）认为，对于研发人员而言，彼此之间接触频率的大小与时间长短，与隐性知识转化容易程度成正比。Kang、Morris 和 Snell（2007）认为，与弱联系相比，强联系更有利于个体间对精细化和深层次的知识进行分享。Easterby – Smith、Lyles 和 Tsang（2008）则认为，高强度的人际联系可以提升知识共享的容易程度。

相对于以上学者的观点，有学者认为，以距离远与接触频率低为特征的弱联系更容易激发新奇想法和知识的散播。因为联系过于频繁会导致冗余知识的堆积，而距离过于接近可能会导致近亲繁殖和路径依赖。Burt（1992）指出，松散型网络拥有更多结构洞，处于结构洞端点的团队成员充当中介桥梁作用，并可以接触到多样化的信息和知识。Hansen（1999）研究表明，组织成员间的弱联系能够增加非冗余信息的搜寻优势，但不利于复杂知识的转移。

组织成员间的互动和联系有助于新知识的产生，这种新知识的产生是建立在充分互动和知识共享的基础上的。Hardy、Phillip 和 Lawrence（2003）认为，网络合作不仅能够促进网络中的知识转移，还能促进新知识的产生。McFanden 和 Cannella（2004）的实证研究证明，个体所拥有的联结关系的数量和强度与个体的知识创造能力之间存在一种倒 U 形的关系。Smith，Collins 和 Clark（2005）的实证研究得出，高层团队成员的社会网络数量和强度对组织知识创造水平具有正向影响，且组织的知识创造水平与新产品或新服务引进的数量正相关。杨德林和史海峰（2005）

认为，R&D 项目组的内部交流积极影响其知识创造水平。

良好的关系网络能够使个体之间互相观察、模仿成为现实，并为各自的体验提供条件；有助于搭建对话和集体反思的平台，使知识外在化的环境更好、范围更广；有助于不同部门和不同层级之间的互相交流和文件公开，这使得知识组合化更加便捷；为知识内在化提供了实施环境，避免了显性知识无从施展以致无法转化为隐性知识的困境。

据此，本研究提出如下假设：

H13：组织成员间的互动对知识螺旋具有积极影响。

二 认知维度与知识螺旋的关系及研究假设

组织内成员更愿意与持有共同价值观、愿景和目标的个体进行知识的交流和信息资源的共享，因为其可以预知到对方与自己对知识的利用的目的是一致的，其目标的实现有助于自己目标的实现，甚至就是自己的目标实现。Nahapiet 和 Ghoshal（1998）认为，共同语言可以在某种程度上提高个体间彼此接触的机会，并更容易获得信息，而如果缺乏共同语言，则会导致彼此之间的疏离并限制彼此之间的知识交流。Tsai 和 Ghoshal（1998）指出，与组织的规章制度不同，共同愿景具有非正式的特征，有助于组织内成员建立共同的概念，可以有效避免误解，并可以创造更多的充分交换信息和知识的机会。Nonaka 和 Konno（1998）指出，个体对群体规范的承诺与认同，以及成为群体成员的意愿，都对隐性知识表出化过程有着积极影响。Calantone、Cavusgil 和 Zhao（2002）认为，组织内共同愿景可以克服跨部门的知识沟通障碍，拓宽信息流，促使各部门协调行动，进而促进创新。

组织成员间拥有共同的愿景、价值观和目标有助于知识的转移和共享。Von Hippel（1987）通过对 R&D 人员的研究发现，他们之间由共同兴趣组成的非正式网络是其知识获取的主要渠道。Hamel、Doz 和 Prahalad（1989）认为，共同的价值观和目标可以便利组织成员之间的沟通，进而降低知识转移成本和提高知识转移效率。Cohen 和 Levinthal（1990）认为，知识接收者将倾向于吸收与其自身知识基础相类似的外部知识。Nelson 和 Cooprider（1996）认为，共同的价值观可促进组织成员对组织目标和行为规范达成共识，进而促进知识共享的发生。Uzzi（1997）指出，由于强联系而形成的供组织内部成员共享的独特语言有利于复杂知识的传递。Davenport 和 Prusak（1998）指出，某种共同知识的具备可以减少知识转移的阻力，进而提高知识转移的吸收能力，而 Grant（1996）同时指出，共同认知框架的缺乏会导致个体无法对特有知识的发掘、理解与共享。Kogut 和 Zander（1996）认为，组织成员间的互相认可以及共同愿景可以提高知识共享的意愿，有利于知识的交流与共享，特别是隐性知识的交流与共享，并可以提高对知识的吸收能力。Moorman 和 Miner（1998）指出，知识共享与组织内个体间或部门间的共同信念或行为规范密切相关。Lane 和 Lubatkin（1998）认为，共享的预期和目标可以降低知识交换的监督成本，因此可以促进知识的吸收。Delong 和 Fahey（2000）从合作、信任和价值观三个方面考察知识共享的影响因素，研究认为，价值观对知识共享的影响需要考虑价值观的属性，他指出，强调个人权利和内部竞争的价值观会对组织成员间的知识共享产生阻碍。Dyer 和 Nobeoka（2000）指出，组织内部成员会依据共同目标和行为规范来建立具有凝聚力的非正式共同体，这不但可以降低沟通障碍，更主要的是可以提高成员经验与知识交流和共享的意愿。Becerra - Fernandez 和 Sabherwal（2001）以及 Inkpen 和 Tsang（2005）都认为，组织成员间的共同愿景意味着成员的集体目标与诉求，可以为组织内知识整合提供一种"黏合"机制，从而可以降低知识交流与知识共享的成本。Cummings 和 Teng（2003）研究认为，组织文化和价值观的差异会显著损害知识转移，而类似的文化和价值观则会促进知识转移。Politis（2003）认为，良好的组织文化可以促进组织内成员间信息的开放，并促进彼此之间的知识交流，特别是有利于隐性知识共享和扩散，从而有利于问题的解决。Wittgenstein（2003）的语言游戏模型表明，隐性知识共享需要以共同的语境和语言为基础。

　　组织成员间拥有共同的愿景、价值观和目标有助于知识的整合和新知识产生。Iansiti 和 West（1997）认为，信任和共同愿景可以促进伙伴间及时、有效的沟通，进而消除合作中的不确定性，并增进合作的密切性，提高知识整合能力，使企业更好地把握创新机会。Tsai 和 Ghoshal（1998）指出，网络成员间的社会互动可以在成员间建立起共同的认知和信任，而这种认知和信任能够消除沟通时的误解，有助于知识交换与分享，从而促进知识创造。Nonaka 和 Konno（1998）指出，共同愿景可以降低个体寻找和选择知识的成本，有助于显性知识与隐性知识的结合化以及显性知识内化为隐性知识。Mohammed 和 Dumville（2001）指出，对个体知识的整合受团队成员共同的心智模式所影响。Brockman 和 Morgan（2003）指出，战略意图上的一致性可以激励员工积极参与知识创造的热情，并提高其参与知识创造的满意度。张爱丽（2010）认为，共同愿景有助于员工参与知识创造意愿的提升。

由于企业各部门的职能不同会产生不一致的目标，如研发部门追求的是产品技术先进性，而生产制造部门则更注重生产成本的降低，这会使它们可能站在各自立场考虑问题并产生冲突，由此造成资源交流的障碍，而基于共同愿景下的共有目标和利益有助于它们看到资源交易和整合的潜在价值，促进了企业各部门间的资源交流和知识共享。价值观念和文化能够影响占有优先隐性知识的个体（如技工师傅）对其掌握的隐性知识传授给欠缺隐性知识的个体（如技工学徒）的意愿、态度和程度；有利于为对话和集体反思构建一个良好的氛围并形成机制化；消除知识传递障碍；促成共同学习和共同进步。

据此，本研究提出如下假设：

H14：组织成员间的共同价值观和共同目标对知识螺旋具有积极影响。

三　关系维度与知识螺旋的关系及研究假设

良好的内部社会资本，特别是良好的信任关系可以激发组织成员共同合作努力以达成目标。个体仅仅愿意与自己信任的人共享知识。如果个体之间不存在信任关系，那么其就不愿意暴露其隐性知识，更不愿意将自身的隐身知识转移给对方。而在充满信任氛围的网络中，知识拥有者相信网络内其他个体不会出现机会主义行为，因此个体之间更加愿意也可以更加自由地进行知识交换。也可以说，规范约束着网络个体之间诀窍和经验交流的方式和途径，并能够降低个体的机会主义行为和搭便车行为，因此个体成员愿意投入到共同的学习和交流等知识共享活动之中。Zand（1972）发现，信任使得双方减少控制行为，并更加乐于接受彼此的影响，从而提高彼此间信息交流的准确性和及时性。Ellingsen（2002）基于挪威一家大医院的关于知识有效利用必须具备的条件的实证研究发现，由于知识呈现动态结构，因此制度信任和人际信任对知识利用不可或缺。信任积极影响着知识特别是隐性知识在组织内部的转移与共享，即知识螺旋。

　　组织内部成员间的相互信任有助于降低知识壁垒，促进知识转移和知识共享。正如 Hayes 和 Walsham（2000）所言，由于个人兴趣和信任的缺乏，组织内个体通常并不愿意或不能与其他个体共享他们的知识和技能。Powell、Koput 和 Smith-Doerr（1996）认为，信任可以积极影响网络成员知识共享的意愿。Tsai 和 Ghoshal（1998）以及 Leana 和 Van Buren（1999）同时指出，信任能够促使组织内个体超脱私人恩怨而将精力更多地集中于团队利益，进而可以促进深层次知识的共享。Rolland 和 Chauvel（2000）指出，信任是影响知识交换最为重要的条件之一。Andrews 和 Delahay（2000）认为，在知识共享过程中，信任的重要性甚至大于正式合作程序的重要性。李惠斌和杨冬雪（2000）认为，信任可以提高知识交换的效率。Delong 和 Fahey（2000）从合作、信任和价值观三个方面考察知识共享的影响因素，研究认为，信任会提高组织成员间知识共享的意愿。Tiwana（2001）的实证研究表明，关系资本可以显著地积极影响知识共享及知识整合。郑仁伟和黎士群（2001）将组织内的信任分为员工对主管的信任与主管对员工的信任两部分，指出，员工对主管的信任积极影响员工对主管知识共享的意愿。Howells（2002）认为，关系资本不但有利于个体之间显性知识的传播，也有利于隐性知识的传播。Boiral（2002）认为，信任是隐性知识共享的先决条件。Daniel 等人（2002）依托于 IBM 公司 IKO 对 138 名从事知识密集型工作员工的调查研究发现，基于能力的信任和基于仁慈的信任对知识共享有着积极作用，尤其基于能力的信任对知识共享的积极作用更大，这一点在隐性知识共享上表现尤为突出。Levin 和 Cross（2003）研究发现，信任积极影响知识共享。Reagans 和 McEvily（2003）认为，信任可以通过提升知识转移的开放度来影响知识共享。Lin、Geng 和 Whinston（2005）研究指出，如果知识的发送者和接收者能够认可彼此的声誉，那么基于声誉认可的信任有利于促进知识的交换和转移。高祥宇、卫民堂和李伟（2005）研究表明，信任不仅仅能够促进彼此间知识转移的意愿，而且能够促使彼此加深沟通，从而便利知识转移。徐海波和高祥宇（2006）认为，信任可以降低知识转移双方对知识转移代价的预期，从而提高双方知识转移的意愿。吴翠花等（2008）认为，信任可以促进合作伙伴共享信息和知识的意愿，并且相信对方不会挪用或误用共享的知识。

　　组织内部成员间的相互信任有助于知识的整合和新知识的产生。Iansiti 和 West（1997）认为，信任和共同愿景可以促进伙伴间及时、有效的沟通，进而消除合作中的不确定性，并增进合作的密切性，提高知识整合能力，使企业更好地把握创新机会。Nahapiet 和 Ghoshal（1998）认为，信任为知识共享提供了便利条件，进而影响知识整合。刘寿先和于鹏（2007）认为，组织内部信任的存在能够促进个体间和部门间的关系融合与相互合作，进而促进组织知识创造。

信任能够使个体相信自己的隐性知识传播不会给自己带来威胁，并且自己也可以学习到自身欠缺的知识；有利于对话的顺利进行，并"约束"个体听取和接纳不同意见进行反思；使得以文字形式存在的显性知识交流机制化，消除部门和层级之间的猜忌、隔阂和"短视"；可以让"干中学"、"再体验"和"快速原型化"顺利开展。

据此，本研究提出如下的假设：

H15：组织成员间的彼此信任对知识螺旋具有影响。

第四节　知识螺旋与产品创新的关系框架及研究假设

Carayannis、Preston 和 Awerbuch（1996）指出，在经济学中，学习是指可触摸且可量化的价值增值活动；在管理学中，学习是持续竞争优势的源泉；而在创新理论中，学习则是创新的源泉。对于知识与创新的关系命题，自从知识管理理论诞生以来，便有大量学者对此展开了广泛且深入的研究。

新产品是嵌入于组织知识的，创新是一个知识管理过程，创新便是知识创造。Faulkner（1994）调查研究发现，在企业运用于创新的知识中，有三分之一来自于企业外部，而三分之二来自于企业内部 R&D 部门。Kaufmann 和 Tdtling（2001）研究认为，与外部源相比，企业创新明显更依赖于企业的内部思想和知识。因此，本研究聚焦于更直接也更显著影响企业产品创新的内部知识，考察内部知识螺旋对产品创新的影响。同时，依据创新价值链模型，本书认为，知识对企业产品创新的影响主要体现在创意产生、创意转化和创意扩散三个方面，知识螺旋与产品创新关系框架如图4—4所示。

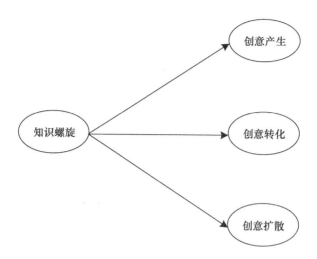

图4—4 知识螺旋与产品创新关系框架

一 知识螺旋与创意产生的关系及研究假设

创新源于企业对知识的重新整合与创造，知识创造是产品创新的源泉。正如 Inkpen（2002）所说，企业的技术创新过程实质上是一种知识创新流，首先便是知识构思的产生。在产品创新创意产生阶段，创意的产生实质上便是经过知识获取、共享、利用过程对知识进行整合并创造的过程，也可以说，创意本身就是一种知识，一种新知识。所以说，知识与创新产生密切相关联。

Myers 和 Marquis（1969）指出，产品创新是对新知识的成功开发，知识创造过程可以为组织成员间的相互了解和吸收彼此的知识提供机会，促进知识碰撞和新创意的产生，从而有利于产品创新。Goldhar、Bragaw 和 Schwartz（1976）通过对 300 个技术创新样本的实证调查得出，78% 的受访者认为内部信息和知识对创新创意产生尤为重要。Kogut 和 Zander（1992）认为，企业的创新源于对知识的整合与创造，包括企业自身拥有的知识，也包括外部获取的知识。Monge、Cozzens 和 Contractor（1992）通过对创新型企业的员工实证调查得出，团队成员间的沟通交流显著地促进知识转移，进而促进创新构思的产生。Nonaka 和 Takeuchi（1995）指出，知识螺旋表出化是通过隐喻等形式使隐性知识显性化，由于隐喻是将两种貌似并不相关的事物联系到一起，势必会带来差异或冲突，正是这种差异或冲突激发了创造性思维的产生，新观点或创新便由此产生。Nonaka

和 Takeuchi（1995）以及 Beneito（2006）都认为，创新根植于对新知识、新技术和新技能的充分应用，从而可以产出新产品和新服务。Cheng 和 Van de Ven（1996）指出，创意可能生发于个体知识之中，但是将创意转化为产品的创新行为却是集体学习和知识整合的结果。Vorhies、Im 和 Morgan（2002）研究认为，产品创新是创意与相应资源相结合的产物，而创新创意来源于企业对内外部知识的整合。Scarbrough（2003）认为，企业在开发新产品时，需要员工利用他们的知识产生创造性的观点。杨文明和韩文秀（2003）认为，知识创新是多数技术创新的基础和思想源泉。毛荐其和俞国方（2005）认为，技术创新是经由知识挖掘、利用和创造等一系列过程激发新知识、新思想和新创意的创造性活动。谢洪明、王成和吴隆增（2006）指出，知识整合可以促进共同学习方式的达成，进而可以增强研发能力，达到持续整合与创新。郝敬宾等（2006）指出，产品创新的全新创意和改进创意均是显性知识和隐性知识交互的结果，隐性知识是产品创新的动力，隐性知识与显性知识的交互是产品创新的源泉。Plessis（2007）指出，创新产生于可获得知识，对知识的挖掘和利用是确保创新成功的关键所在。余光胜和毛荐其（2007）指出，不同观点与知识之间的冲突及融合是创意的源泉。蒋翠清和杨善林（2007）指出，企业内部成员间通过知识共享可以促进知识萌芽的产生，即新产品或新服务概念的创造。吴翠花和万威武（2007）构建的知识创造与自主创新的关系模型指出，知识创造与自主创新互相影响，自主创新是知识创造的目标，知识创造是自主创新的动力源泉，组织内部个体与个体、部门与部门之间的知识交流与共享促进新创意的产生。张光磊、周和荣和廖建桥（2009）指出，知识转移是技术创新的基础，不同知识之间的碰撞可能激发创新创意的产生。路琳和梁学玲（2009）指出，宽松的知识交流环境与氛围可以促进组织内部沟通的顺利进行，并可以促进新创意的生成；而呆板的工作环境则不利于知识的交流与共享，戕害员工的创造性，不利于创新创意的产生与提出。谢言、高山行和江旭（2010）认为，随着显性知识和隐性知识整合的知识螺旋不断上升，新思想和新创意便会不断涌现。李明星、张同建和林昭文（2010）基于 Nonaka 的 SECI 模型分析了显性知识与隐性知识交互螺旋过程对创新创意产生的影响，文章指出，在知识螺旋共同化过程中，研发人员间的隐性知识交流及经验的共享可以激发新思维和灵感的产生；在知识螺旋内在化过程中，研发人员可以通过对新产品的观摩和新产品生产过程的实际操作获得灵感。

由以上分析可知，知识管理，无论是知识获取、知识整合还是知识利用都积极影响创新的创意产生，特别是隐性知识及显性知识与隐性知识的知识螺旋对创新创意产生至关重要。知识螺旋共同化为个体创意的生发提供帮助；知识螺旋表出化则可以激励个体提出创意；知识螺旋联结化为不同知识交流提供平台，提高创新创意的针对性；知识螺旋内在化可以激励个体通过"干中学"等方式发现问题并提出新的创新创意。

据此，本书提出如下假设：

H16：知识螺旋对企业产品创新创意产生具有积极影响。

二 知识螺旋与创意转化的关系及研究假设

正如 Nonaka 和 Takeuchi（1995）所说，创意和新观点通过隐喻外化为模型或模板。在显性知识和隐性知识交互和螺旋的作用下，创新创意产生。同时，知识螺旋也能够促进创新创意的合理筛选和有效开发，即创新创意的转化。正像吴翠花和万威武（2007）指出的那样，个体之间及部门之间频繁的知识交流及由此产生的知识创造，不仅能够促进创新产生，而且可以激发创意转化过程中新方法的不断涌现。一方面，创意的筛选过程需要个体与个体之间及部门与部门之间的知识进一步交互，从而选出能够为企业带来收益且能够相对降低风险的创意；另一方面，创新的创意开发本质上就是个体与个体、部门与部门之间的合作过程，知识螺旋必然影响创意开发。

Ebadi 和 Utterback（1984）研究发现，组织内部的知识及知识共享对创意开发中问题的解决起到极大的帮助作用。Allen（1977）以及 Tsai 和 Ghoshal（1998）一致认为，组织内个体间及部门间的知识转移可以提高创新转化的效率。Leonard—Barton（1992）构建了知识创新与核心能力关系模型，模型指出，知识创新的一个重要作用就在于实现和集成新的工具和方法，进而提高创意转化的运作效率。Hansen（2002）的实证研究发现，研发项目团队与其他部门之间的知识共享水平对新产品开发的速度有显著的影响。张方华、朱朝晖（2003）和谢洪明（2006）同时认为，技术知识交换和整合可以有效地提高产品研发效率。郭韬和姜树凯（2008）认为，创新群体中个体的隐性知识共享可以为特定问题的解决以及生产流程的工艺革新提供新的方法和设想。谢言、高山行和江旭（2010）认为，企业内部知识螺旋在促进创新创意产生的同时，可以显著地提高研发效率及工艺创新。简兆权、刘荣和招丽珠（2010）的实证研究表明，充分的知识共享可以提高新产品或新工艺的开发速度，进而生产出更多新产品。李明星、张同建和林昭文（2010）认为，知识螺旋联结化可以促进企业各种功能性平台的完善；知识螺旋内在化则可以提高工艺流程的运作效率。

由以上分析可知，知识螺旋共同化使得创意接受更加专业化眼光的审视，并可以促进彼此间专业技能的学习与交流；知识螺旋表出化可以为创意的筛选提供可靠的遵循标准，并为创新开发提供规范流程；知识螺旋联结化可以使得创意在企业层面接受更为全面的评估，并为部门间通力合作提供知识基础；知识螺旋内在化可以促进提高创意转化的效率。

据此，本研究提出如下假设：

H17：知识螺旋对企业产品创新创意转化具有积极影响。

三　知识螺旋与创意扩散的关系及研究假设

产品创新的创意扩散的本质在于创新产品的市场化，即创新的绩效达成。知识螺旋通过对创新创意产生和创意转化的影响，最终落脚点一定是创新产品的市场化。一般认为新知识的创造是企业创新、核心能力、竞争优势和长期成功的关键决定要素。组织内个体与个体之间、部门与部门之间的知识交流与共享有助于企业更好地把握市场机会及技术发展趋势，从而更好地将产品推向市场并取得成功。

国内外学者对创新绩效的研究都比较多，是研究创新的一个主要热点。Leonard – Barton（1992）的知识创新与核心能力模型不但提出了知识创新对创意产生和创意转化的重要作用，而且指出，知识创新的最终目的在于创造满足市场需求的产品，进而提高企业的核心能力。Nonaka 和 Takeuchi（1995）指出，通过知识螺旋形成的创新创意经过市场的进一步检验过程，就是新产品或新服务产生的过程。Tsai 和 Ghoshal（1998）的实证研究同样表明，跨团队个体间的知识交换对企业产品创新绩效有显著的积极影响。Von Krogh（1998）认为，知识创新是企业以满足市场需求为目标不断地创造知识的过程，知识创新必须转化为满足市场需求的产品或服务，从而取得持续竞争优势。Madhavan、Koka 和 Prescott（1998）认为，隐性知识对新产品开发有重要影响，并且，不同来源的隐性知识会导致不同的创新绩效。Gerybadze 和 Reger（1999）对研发行为的实证研究发现，知识共享和知识创造对创新绩效有着积极的影响。Inkpen（2002）认为，知识创新的最终目的在于商业化应用。杨文明和韩文秀（2003）认为，作为一种重要的生产要素，知识参与创新过程的每一个环节，并最终能够创造价值。Taylor 和 Wright（2004）的研究指出，充分的知识共享促进新知识和新创意产生的同时，还能够积极促进创新成果的推广以达到收益最大化。Smith、Collins 和 Clark（2005）指出知识创造能力对企业的创新绩效有显著的积极影响。张方华和朱朝晖（2003）、谢洪明（2006）一致认为，技术知识交换与整合水平与产品创新水平密切相关，一般情况下，技术知识交换与整合水平较高的企业所创造的创新产品水平也较高，也就越能满足市场需求并进而为企业带来较高的创新绩效。谢洪明、王成和吴隆增（2006）指出，知识整合可以提高专业化分工模式的更好利用，从而缩短新产品的上市时间。陆小成和罗新星（2007）指出，企业所拥有的隐性知识及其转化程度决定了企业技术创新扩散的演进过程、能力和效果。陈建勋、朱蓉和吴隆增（2008）的实证研究表明，知识创造对创新绩效有显著的积极影响。吴隆增和简兆权（2008）在研究组织学习、知识创造以及创新绩效三者间的关系时，发现知识创造能力对创新绩效有显著的直接正向影响，而组织学习对创新绩效影响并不显著。我国台湾学者黄家齐和王思峰（2008）探讨了知识创造与创新绩效的关系，实证研究表明，知识螺旋共同化、联结化和内隐化对知识分享、知识创造和创新绩效有显著正向影响。黄芳、马剑虹和张俊飞（2009）基于扎根理论从知识有效共享的角度分析了跨职能整合对团队创新绩效的影响，结果证明，成员之间的知识共享是实现跨职能整合和提高产品创新绩效的关键机制；知识共享行为受创新氛围、共同目标和组织支持的影响；认知障碍是观点冲突产生的主要原因，而知识共享有助于冲突的解决。谢言、高山行和江旭（2010）认为，组织内部知识螺旋可以显著提升企业自主创新以及专利的获得，并显著提高企业创新绩效。简兆权、刘荣和招丽珠（2010）的实证研究证明，知识共享可以提高企业技术创新与市场需求的契合度，并缩短技术认知差距，从而显著地积极影响技术创新绩效。李明星、张同建和林昭文（2010）认为，知识螺旋共同化激发营销人员反思与顿悟并产生新的营销理念；知识螺旋联结化为营销人员提供了学习平台；知识螺旋内在化有助于营销人员通过实践进一步提高自身营销能力，知识螺旋这些过程都可以促进产品创新市场化的达成。

　　由以上分析可知，企业内部个体与个体之间、部门与部门之间的知识交流与共享可以显著影响产品创新创意扩散。知识螺旋共同化可以促进个体之间及部门之间隐性知识交互，从而提高研发技能和营销技能；知识螺旋表出化则可以将隐性知识显性化，从而为个体提供明确可见的知识指导；知识螺旋联结化则为部门与部门之间的知识整合提供条件，从而提高产品创新更能贴近市场需求及企业能力；知识螺旋内在化可以通过实践促进对市场趋势及技术属性的深化了解，从而提高产品的针对性及新颖度。

　　据此，本书提出如下假设：

　　H18：知识螺旋对企业产品创新创意扩散具有积极影响。

第五节　产品创新价值链三维度的关系框架及研究假设

　　创新，是新产品的产出过程，代表着知识获取和转化过程的结束。依照创新价值链理论，创新分为创意产生、创意转化和创意扩散三个部分，这三个部分构成首尾相连的一条价值链。创新价值链是一个比较新的理论，因而对创新价值链内部机理的研究尚不多见，部分文献对创意产生、创意转化和创意扩散之间逻辑关系的研究也并不是基于创新价值链进行的，虽然如此，但还是可以为本研究提供必要的理论支撑。产品创新价值链三维度关系框架如图4—5所示。

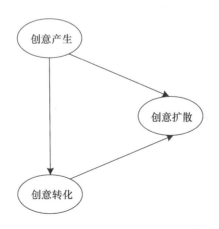

图4—5　产品创新价值链三维度关系框架

张晓林和吴育华（2005）认为，创新价值链是一个连续的过程，存在着上游与下游的互动关系，具有内在不可分割性。朱杭、莫燕和周晓林（2006）认为，创新过程中每一个阶段都有投入产出，前一段的产出往往是后一阶段甚至后若干阶段的投入的一部分，具有价值传承的属性，因此，创新过程是一条价值链。孙海玲（2007）指出，企业技术创新价值链是一个有机的整体，价值链上各个环节既相互独立又彼此联系，不可分割。创新价值链的提出者 Hansen 和 Birkinshaw（2008）也指出，没有强有力的筛选机制和资金支持，再好的创意也不能得到有效实施，反而会给企业制造瓶颈和麻烦，筛选机制是为了选出合适的创意，而资金支持则是为了对合适的创意加以支撑，二者缺一不可。杨小英（2009）指出，创新价值链是一个知识流动的连续过程，存在着上下游的互动关系，具有内在的不可分割性。代明、梁意敏和戴毅（2009）认为，创新价值链各个节点之间相互依赖、相互影响，各节点之间协作情况决定了创新价值链的链接与运作情况，创新价值链过程中，"创意"类似于供应链中的商品，上游主体是下游主体的"创意"供应者，下游主体既是"创意"需求方，也会向上游主体反馈，从而形成持续不断的创新。

总的来说，只有产生好的创意才有后期的产品转化；只有经过良好的筛选和资金支持的产品创意才能形成符合市场需求的产品；同时，也只有产生好的创意才能有创意的扩散，市场的开拓，创新绩效的达成。

据此，本研究提出如下假设：

H19：企业产品创新创意产生对创意转化具有积极影响。

H20：企业产品创新创意产生对创意扩散具有积极影响。

H21：企业产品创新创意转化对创意扩散具有积极影响。

第六节　知识螺旋的中介效应分析框架及研究假设

前文已经对企业内部社会资本与产品创新的关系研究进行了简要综述，而且，也分析了内部社会资本与知识螺旋的关系以及知识螺旋与产品创新的关系，可以看出，知识螺旋受内部社会资本的影响，并可以影响产品创新，知识螺旋在企业内部社会资本与产品创新关系之间可能存在中介效应，知识螺旋中介效应分析框架如图4—6所示。

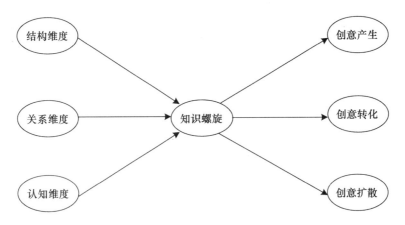

图4—6   知识螺旋中介效应分析框架

关于知识螺旋中介作用讨论的文章还比较少，而讨论知识螺旋在内部社会资本与创新关系间中介作用的论述并不多见，进而能够分析知识螺旋在内部社会资本三维度与产品创新关系间中介效应的文章更是凤毛麟角。Smith、Collins 和 Clark（2005）的实证研究得出，高层团队成员的社会网络数量和强度对组织的知识创造水平具有正向影响，且组织的知识创造水平与新产品或新服务引进的数量正相关。周劲波和黄胜（2009）基于知识管理视角，分析了社会网络中知识创新的机理，并剖析了社会资本与知识创新的内在关系，分析指出，企业应当加强社会资本的培育以更好地进行知识创新。

Hansen（1999）指出，弱联系可以扮演信息桥的角色，弱联系与新颖信息的获得有着密切相关的关系，可以增大多样化信息的接触面，并且较低的互动频率可以降低关系的束缚以保持一定的灵活性和独立性，从而有利于搜寻或实验新知识，即有利于创新行为的产生。Regans、Zuckerman 和 McEvily（2004）研究指出，网络结构的特征能够对知识转移的难易程度产生影响，并进而影响创新资源的获取。柯江林和石金涛（2007）认为，松散的网络结构由于拥有更多的结构洞，而处于结构洞端点的团队成员可以接触到更多的信息和知识，这有利于创意的产生。

Uzzi（1997）指出，由于创新性能力所需的知识在一定程度上是隐性的，难以解码的，不容易被清晰表达和传递，也就是说，学习和信任对于创新的影响间接地通过某种机制起作用。Iansiti 和 West（1997）认为，信任和共同愿景可以促进伙伴间及时、有效的沟通，进而消除合作中的不确定性，并增进合作的密切性，提高知识整合能力，使企业更好地把握创新机会。曹科岩、龙君伟和杨宇浩（2008）的实证研究表明，员工知识共享行为在组织信任与组织技术创新绩效关系中存在中介效应。简兆权、刘荣和招丽珠（2010）研究了网络关系及信任与技术创新绩效之间的关系，实证研究说明，知识共享在信任及网络关系与技术创新绩效关系中存在中介效应。

本研究根据以往研究知识在内部社会资本与创新关系文献的基础上，并基于前文内部社会资本与产品创新关系、内部社会资本与知识螺旋关系以及知识螺旋与产品创新关系分析，提出知识螺旋在企业内部社会资本三维度与产品创新价值链关系之中存在中介效应，并提出如下假设：

H22：知识螺旋在企业内部社会资本结构维度与产品创新创意产生关系中存在完全中介效应。

H23：知识螺旋在企业内部社会资本结构维度与产品创新创意转化关系中存在完全中介效应。

H24：知识螺旋在企业内部社会资本结构维度与产品创新创意扩散关系中存在完全中介效应。

H25：知识螺旋在企业内部社会资本认知维度与产品创新创意产生关系中存在完全中介效应。

H26：知识螺旋在企业内部社会资本认知维度与产品创新创意转化关系中存在完全中介效应。

H27：知识螺旋在企业内部社会资本认知维度与产品创新创意扩散关系中存在完全中介效应。

H28：知识螺旋在企业内部社会资本关系维度与产品创新创意产生关系中存在完全中介效应。

H29：知识螺旋在企业内部社会资本关系维度与产品创新创意转化关系中存在完全中介效应。

H30：知识螺旋在企业内部社会资本关系维度与产品创新创意扩散关系中存在完全中介效应。

第七节 待检验研究假设汇总

基于本研究的研究主题——以知识螺旋为中介的企业内部社会资本对

产品创新的影响，在丰富的理论基础上，总结国内外相关研究成果，本研究共提出30条有待检验的研究假设，按照所涉及变量的不同共分为六类，即（1）企业内部社会资本三维度之间关系的研究假设，包括H1、H2和H3；（2）企业内部社会资本与产品创新之间关系的研究假设，包括H4、H5、H6、H7、H8、H9、H10、H11和H12；（3）企业内部社会资本与知识螺旋之间关系的研究假设，包括H13、H14和H15；（4）知识螺旋与产品创新之间关系的研究假设，包括H16、H17和H18；（5）产品创新三维度之间关系的研究假设，包括H19、H20和H21；（6）知识螺旋在企业内部社会资本三维度与产品创新三维度关系中介效应的研究假设，包括H22、H23、H24、H25、H26、H27、H28、H29和H30。本研究的30条有待检验的研究假设如表4—1所示。

表4—1　　　　　　　　本研究有待检验的研究假设汇总

假设类型	编号	假设内容	假设路径
内部社会资本三维度之间关系的研究假设	H1	组织成员间的互动对组织成员共同价值观和共同目标的达成和深入具有积极影响	结构维度→认知维度
	H2	组织成员间的互动对组织成员间的彼此信任程度具有积极影响	结构维度→关系维度
	H3	组织成员间共同价值观和共同目标对组织成员间的彼此信任程度具有积极影响	认知维度→关系维度
内部社会资本与产品创新关系的研究假设	H4	组织内部成员间的互动对产品创新创意产生具有积极影响	结构维度→创意产生
	H5	组织内部成员间的互动对产品创新创意转化具有积极影响	结构维度→创意转化
	H6	组织内部成员间的互动对产品创新创意扩散具有积极影响	结构维度→创意扩散
	H7	组织内部成员间的共同价值观和共同目标对产品创新创意产生具有积极影响	认知维度→创意产生
	H8	组织内部成员间的共同价值观和共同目标对产品创新创意转化具有积极影响	认知维度→创意转化
	H9	组织内部成员间的共同价值观和共同目标对产品创新创意扩散具有积极影响	认知维度→创意扩散
	H10	组织内部成员间的彼此信任对产品创新创意产生具有积极影响	关系维度→创意产生
	H11	组织内部成员间的彼此信任对产品创新创意转化具有积极影响	关系维度→创意转化
	H12	组织内部成员间的彼此信任对产品创新创意扩散具有积极影响	关系维度→创意扩散

假设类型	编号	假设内容	假设路径
内部社会资本与知识螺旋之间关系的研究假设	H13	组织成员间的互动对知识螺旋具有积极影响	结构维度→知识螺旋
	H14	组织成员间的共同价值观和共同目标对知识螺旋具有积极影响	认知维度→知识螺旋
	H15	组织成员间的彼此信任对知识螺旋具有影响	关系维度→知识螺旋
知识螺旋与产品创新之间关系的研究假设	H16	知识螺旋对企业产品创新创意产生具有积极影响	知识螺旋→创意产生
	H17	知识螺旋对企业产品创新创意转化具有积极影响	知识螺旋→创意转化
	H18	知识螺旋对企业产品创新创意扩散具有积极影响	知识螺旋→创意扩散
产品创新三维度之间关系的研究假设	H19	企业产品创新创意产生对创意转化具有积极影响	创意产生→创意转化
	H20	企业产品创新创意产生对创意扩散具有积极影响	创意产生→创意扩散
	H21	企业产品创新创意转化对创意扩散具有积极影响	创意转化→创意扩散
知识螺旋在企业内部社会资本三维度与产品创新三维度关系中中介效应的研究假设	H22	知识螺旋在企业内部社会资本结构维度与产品创新创意产生关系中存在完全中介效应	结构维度→知识螺旋→创意产生
	H23	知识螺旋在企业内部社会资本结构维度与产品创新创意转化关系中存在完全中介效应	结构维度→知识螺旋→创意转化
	H24	知识螺旋在企业内部社会资本结构维度与产品创新创意扩散关系中存在完全中介效应	结构维度→知识螺旋→创意扩散
	H25	知识螺旋在企业内部社会资本认知维度与产品创新创意产生关系中存在完全中介效应	认知维度→知识螺旋→创意产生
	H26	知识螺旋在企业内部社会资本认知维度与产品创新创意转化关系中存在完全中介效应	认知维度→知识螺旋→创意转化
	H27	知识螺旋在企业内部社会资本认知维度与产品创新创意扩散关系中存在完全中介效应	认知维度→知识螺旋→创意扩散
	H28	知识螺旋在企业内部社会资本关系维度与产品创新创意产生关系中存在完全中介效应	关系维度→知识螺旋→创意产生
	H29	知识螺旋在企业内部社会资本关系维度与产品创新创意转化关系中存在完全中介效应	关系维度→知识螺旋→创意转化
	H30	知识螺旋在企业内部社会资本关系维度与产品创新创意扩散关系中存在完全中介效应	关系维度→知识螺旋→创意扩散

第五章　研究量表设计与小样本检验

在上文的基础上，本章讨论各变量测量量表的合理性，并确定最终测量量表。本章共分为三个部分：首先，介绍本研究的实证研究流程，包括初始量表构建、小样本检验、数据收集、数据分析和结果讨论五个部分；其次，说明测量条款的来源及各个变量的初始测量条款，测量条款主要参照国内外比较成熟的测量量表；最后，对初始条款进行小样本检验，小样本检验主要分析了小样本数据的描述性统计量，并对初始测量量表进行信度分析和探索性因子分析。通过小样本检验，剔除"垃圾测量条款"，完善测量条款的措辞，形成测量条款最终版本，为下一步数据收集、数据分析和结果讨论奠定基础。

第一节　实证研究流程

基于第四章构建的理论模型及提出的研究假设，第五章和第六章进行实证研究。实证研究主要包括五个环节，即初始量表构建、小样本检验、数据收集、数据分析和结果讨论，如图5—1所示。

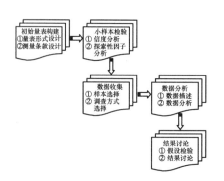

图5—1　本研究的实证研究流程

第二节　测量条款的产生

为了保证测量量表的信度与效度，本研究所有变量的测量量表均参照国内外文献设计，并尽量选取经过测试的测量量表。首先，通过大量文献收集选择适合本研究主题的测量量表；其次，对英文量表进行英汉对译，以确保测量条款表达了原版量表的真实意义；再次，通过对学者和企业管理人员访谈，进一步修改和完善测量量表，以确保测量量表能够准确地反映中国企业特征，并适宜调查对象理解；最后，通过小样本调查对测量量表进行预测试，剔除不合理条款，并进一步修改措辞形成最终版本测量量表。

需要测量的变量包括3个部分共7个变量：企业内部社会资本的结构维度、认知维度及关系维度；知识螺旋；产品创新的创意产生、创意转化和创意扩散。采用Likert5级量表对变量进行测量，其中，"1"表示"完全不同意"；"2"表示"有点不同意"；"3"表示"不确定"；"4"表示"有点同意"；"5"表示"完全同意"。

一　内部社会资本的初始测量条款

关于内部社会资本的实证研究时间并不长，而能够明确将内部社会资本拆分为三个维度分别加以度量的研究尚不多见。

Nahapiet和Ghoshal（1998）在实证研究社会资本与智力资本对组织优势影响问题时，将企业内部社会资本分为结构维度、认知维度和关系维度，其中，结构维度通过网络联结、网络结构和组织适配三个方面加以表征；认知维度通过共享编码及语言和共同经历两个方面加以表征；关系维度通过信任、规范、义务和身份认同四个方面加以表征。这是有关社会资本三个维度的首次度量尝试。随后，Tsai和Ghoshal（1998）在实证研究社会资本与价值创造关系问题时，也从结构维度、认知维度和关系维度三个方面度量了社会资本，其中，结构维度通过网络联结加以表征；认知维度通过共同愿景加以表征；关系维度通过信任与守信加以表征。Yli – Renko、Autio和Sapienza（2001）在实证研究新建技术企业社会资本、知识获得与知识开发关系问题时，将社会资本分为结构维度、认知维度和关系维度，其中，结构维度通过网络联结加以表征；认知维度通过关系质量加以表征；关系维度通过社会交互加以表征。谢洪明（2006）在实证研究社会资本对组织创新影响问题时，将企业内部社会资本分为信任和共同愿景两个部分共 5 个题项（Cronbach α＝0.69，0.86）；谢洪明、王成和吴业春（2007）在实证研究内部社会资本对知识能量与组织创新的影响问题时，将内部社会资本分为信任和共同愿景两个部分共 7 个问题项（Cronbach α＝0.77，0.83）。

本研究以 Nahapiet 和 Ghoshal（1998）、Tsai 和 Ghoshal（1998）以及 Yli—Renko、Autio 和 Sapienza（2001）的测量量表为主要蓝本，同时参照谢洪明（2006）以及谢洪明、王成和吴业春（2007）的测量量表，初步拟定企业内部社会资本三维度的测量量表，其中，结构维度共 3 个问题项，认知维度共 3 个问题项，关系维度共 3 个问题项。企业内部社会资本三维度的初始测量量表如表 5—1 所示。

表 5—1　　　　　　企业内部社会资本三维度的初始测量量表

变量	题号	测量条款	参考来源
结构维度 SCS	SCS1	本企业员工之间经常保持工作以外的联络（如聚餐、郊游、party 等）	Nahapiet 和 Ghoshal（1998）；Tsai 和 Ghoshal（1998）；Yli – Renko、Autio 和 Sapien-za（2001）；谢洪明（2006）；谢洪明、王成和吴业春（2007）
	SCS2	本企业员工在工作中遇到困难时，同事们会及时给予支持和帮助	
	SCS3	本企业员工可以很容易从同事那里获得与工作相关的信息	
认知维度 SCC	SCC1	本企业有明确的企业发展理念，并得到员工的认同	
	SCC2	本企业有明确的企业文化，并得到员工的认同	
	SCC3	本企业有明确的发展规划，并得到员工的认同	
关系维度 SCR	SCR1	本企业员工不会作出有损同事利益的行为	
	SCR2	即使有机会，本企业员工也不会趁机欺骗或利用同事	
	SCR3	本企业员工通常能对同事信守承诺	

二　知识螺旋的初始测量条款

国内外关于知识螺旋的研究多关注理论方面的探索，实证研究尚不多见。Nonaka（1994）和 Nonaka、Takeuchi（1995）提出了知识螺旋研究的大的框架，并且为知识螺旋创造的每一个环节提供了实现途径。Nonaka 等（1994）对组织知识创造理论进行实证分析时，设计了 SECI 的测量量表，该量表共包括 38 个问题项，其中共同化包括 4 个维度共 10 个问题项，表出化包括 1 个维度共 9 个问题项，联结化包括 3 个维度共 10 个问题项，内在化包括两个维度共 9 个问题项。这是知识螺旋的首次实证，但测量量表过于庞大。Becerra – Fernandez 和 Sabherwal（2001）用知识螺旋表征知识管理，测量量表共包括 19 个问题项，其中共同化包括 4 个问题项（Cronbach $\alpha = 0.74$），分别涉及岗位轮换、"头脑风暴"、跨部门合作和学徒制 4 个方面；表出化包括 7 个问题项（Cronbach $\alpha = 0.85$），分别涉及类比及隐喻、专家知识转移、决策支持系统、问题解决系统、专门知识黄页、讨论组和团队合作工具 7 个方面；联结化包括 4 个问题项（Cronbach $\alpha = 0.80$），分别涉及信息库、互联网与局域网、数据库和网络数据访问 4 个方面；内在化包括 4 个问题项（Cronbach $\alpha = 0.66$），分别涉及"干中学"、在职培训、观察学习和面对面会谈 4 个方面。Lee 和 Choi（2003）在实证研究引擎及知识管理过程对组织绩效影响问题时，用 SECI 表征知识管理过程，测量量表共包括 19 个问题项（Cronbach $\alpha = 0.9203$），其中共同化包括 5 个问题项（Cronbach $\alpha = 0.8364$），表出化包括 5 个问题项（Cronbach $\alpha = 0.9146$），联结化包括 5 个问题项（Cronbach $\alpha = 0.8576$），内在化包括 4 个问题项（Cronbach $\alpha = 0.8902$），整个测量量表信度非常好。Sabherwal 和 Becerra – Fernandez（2003）在实证研究知识管理过程在个人层面、团队层面和组织层面的不同作用时，用知识螺旋表征知识管理过程，在其 2001 年研究的基础上，对知识螺旋的测量量表进一步修改，测量量表一共包括 16 个问题项，其中，共同化涉及 4 个问题项，分别通过跨部门合作项目、学徒制、"头脑风暴"和岗位轮换加以表征；表出化涉及 5 个问题项，分别通过问题解决系统、团队合作工具、专门知识黄页、类比与隐喻和专家知识转移加以表征；联结化涉及 4 个问题项，分别通过网络数据访问、互联网与局域网、数据库和经验教训存储库加以表征；内在化涉及 3 个问题项，分别通过在职培训、"干中学"和观察学习加以表征。韩维贺和季绍波（2006）在实证研究个人层面和团队层面知识创造过程效果时，依照 Becerra – Fernandez 和 Sabherwal 量表设计了一套知识创造量表，共包括 19 个问题项，其中共同化包括 4 个问题项（Cronbach $\alpha = 0.7823$），表出化包括 5 个问题项（Cronbach $\alpha = 0.9003$），联结化包括 5 个问题项（Cronbach $\alpha = 0.7837$），内在化包括 5 个问题项（Cronbach $\alpha = 0.8399$）。

　　通过对这些问卷的梳理可以发现，Becerra – Fernandez 和 Sabherwal 的量表由于其完善性和有效性得到学者的广泛认同，基本上有关知识螺旋的量表开发都是基于两位学者研究作出的部分修改。本研究关于知识创造的量表设计同样基于 Becerra – Fernandez 和 Sabherwal（2001、2003）的量表，同时借鉴 Lee 和 Choi（2003）的测量量表，并参考韩维贺和季绍波（2006）的语言表述方式加以设计。初步拟定知识螺旋的初始测量量表，测量量表共包含 21 个问题项，其中，知识螺旋共同化包括 6 个问题项，知识螺旋表出化包括 6 个问题项，知识螺旋联结化包括 3 个问题项，知识螺旋内在化包括 6 个问题项。知识螺旋的初始测量量表如表 5—2 所示。

表 5—2　　　　　　　　　知识螺旋的初始测量量表

变量	题号	测量条款	参考来源
共同化 KSS	KSS1	本企业经常从销售和生产场所获得信息	Becerra – Fernandez 和 Sabherwal（2001）
	KSS2	本企业经常与供应商和客户共享经验	
	KSS3	本企业经常实施跨部门的合作项目	
	KSS4	本企业重视"师傅带徒弟"的传授方法	
	KSS5	本企业经常展开"头脑风暴"	
	KSS6	本企业经常实施雇员岗位轮换	
表出化 KSE	KSE1	本企业鼓励员工之间相互交流思想并加强沟通	
	KSE2	本企业有比较完善的基于案例推理的问题解决系统	
	KSE3	本企业鼓励员工描述新概念时多进行交流，并使用隐喻、类比等方法	
	KSE4	本企业有完善的专门知识手册	
	KSE5	本企业强调使用归纳和演绎等方法来思考问题	
	KSE6	本企业鼓励员工捕获、学习和共享专家意见	
联结化 KSC	KSC1	本企业建立了丰富的产品和服务的数据库	Becerra – Fernandez（2003）；Lee 和 Choi（2003）；韩维贺和季绍波（2006）
	KSC2	本企业善于运用文件、会议、电话交谈或计算机通信网络等媒介辅助员工之间的交流与沟通	
	KSC3	本企业有丰富的信息、学习课程和实践经验的知识库	
内在化 KSI	KSI1	本企业经常实施在职培训	
	KSI2	本企业重视"干中学"等学习方式	
	KSI3	本企业鼓励员工通过观察学习新知识	
	KSI4	本企业重视传播最新创造的概念与思想	
	KSI5	本企业经常组织员工面对面讨论学习本企业的成功案例	
	KSI6	本企业经常组织团队来进行试验，同时与整个部门分享结果	

三　产品创新的初始测量条款

创新价值链是一个比较新的概念，笔者还没有发现国内外关于创新价值链的实证研究。可喜的是，Hansen 和 Birkinshaw（2007）给出了一份测度企业创新价值链的调查问卷，虽然这份问卷尚没有经过数据检验，但是毕竟提供了极具借鉴价值的指导。本研究以这份调查问卷为蓝本，并根据其文章中的文字描述对问卷加以补充，初步拟定产品创新的初始测量量表，测量量表共包括 16 个问题项，其中，创意产生包括 7 个问题项，创意转化包括 5 个问题项，创意扩散包括 4 个问题项。产品创新的初始测量量表如表5—3 所示。

表5—3　　　　　　　　　　产品创新的初始测量条款

变量	题号	测量条款	参考来源
创意产生 IVG	IVG1	本企业的企业文化激励员工提出新的创意	Hansen 和 Birkinshaw（2007）
	IVG2	本部门的员工乐于独立地提出新的创意	
	IVG3	本企业员工经常参与跨部门、跨业务范围的项目合作	
	IVG4	本企业的创新项目经常涉及不同部门或团队的成员	
	IVG5	我们通过贯穿整个公司的合作创造好的创意	
	IVG6	关于新产品或新业务的好的创意很少来自企业外部（R）	
	IVG7	我们认为从企业外部获得的创意不如内部创意有价值（R）	
创意转化 IVT	IVT1	本企业很多创意容易获得资金支持	
	IVT2	本企业对待新的创意习惯于"规避风险"（R）	
	IVT3	本企业擅长将创意转化为可行的产品、业务或最好的市场实践	
	IVT4	本企业对产品开发项目经常能够按时完成	
	IVT5	本企业新产品开发能够得到足够的支持（如资金、人力等）	
创意扩散 IVD	IVD1	本企业擅长将开发的创意在全企业推广	
	IVD2	本企业在新产品或新业务的推出上行动迅速	
	IVD3	竞争者总是模仿本企业产品，并落后于本企业在其他地区推广	
	IVD4	本企业能够将新产品或新服务渗透到所有的销售渠道、顾客群和地区	

四 控制变量的初始测量条款

本研究认为，产品创新除了受到企业内部社会资本和知识螺旋的影响之外，还可能受到企业规模等其他因素的影响，同时，知识螺旋除了受到企业内部社会资本的影响之外，也有可能受到企业规模等其他因素的影响，因此有必要引入控制变量加以研究。根据相关文献，本研究引入企业层面和个人层面两个层面的控制变量，均为定类变量。一方面，企业层面的控制变量涉及四个方面，包括：（1）企业所处的区域，主要考察企业处于不同的外部环境下知识螺旋和产品创新情况是否有显著差异；（2）主营业务所处的行业，主要考察不同行业企业的知识螺旋和产品创新情况是否有显著差异；（3）产权性质，主要考察不同产权性质的企业由于拥有资源数量和技术创新程度的不同是否令知识螺旋与产品创新存在显著差异；（4）企业规模，主要考察规模效应是否会引致知识螺旋行为和产品创新存在显著差异。另一方面，个人层面的控制变量涉及四个方面，包括：（1）调查对象的性别，主要考察性别差异是否引致知识螺旋和产品创新存在显著差异；（2）调查对象年龄，主要考察不同年龄段是否引致知识螺旋和产品创新存在显著差异；（3）调查对象的受教育程度，主要考察不同的学历背景是否引致知识螺旋和产品创新存在显著差异；（4）调查对象的组织工龄，主要考察在本企业工作年限的差异是否引致知识螺旋和产品创新存在显著差异。

第三节　小样本检验

本研究所采用的测量量表尽可能选择国外比较成熟的测量量表，并参照国内学者的研究成果，同时根据本研究掌握的资料进行了一定的修改和完善，并请专家和学者对测量量表进行了指导。但是，由于理解上可能存在的局限性，仍有可能存在某些不合理的测量条款。特别地，基于创新价值链的产品创新的测量是首次引入实证研究，其合理性的检验十分必要。本研究拟通过小样本检验，分别对每一个变量的测量量表进行信度分析和探索性因子分析，旨在尽早发现测量量表可能存在的不足并加以修正，以降低正式实证研究分析时错误发生的可能性，提高研究的信度与效度，保证研究结果的可靠性和真实性。

一 小样本数据描述

小样本的数据收集工作于 2010 年 11 月进行，样本选取为 MBA 班学员。共发放调查问卷 97 份，收回问卷 73 份，回收率 75.26%，其中有效问卷 54 份，有效率 73.97%。小样本在控制变量企业层面及个人层面表现分别如表 5—4 和表 5—5 所示。

表 5—4 小样本控制变量企业层面描述性统计

统计内容		样本数	百分比（%）
主营业务	汽车	3	5.56
	家电	10	18.52
	IT	17	31.48
	生物医药	14	25.93
	新材料	10	18.52
总计		54	100
产权性质	国有控股	24	44.44
	国有参股	3	5.56
	民营	25	46.30
	中外合资	2	3.70
总计		54	100
企业规模	200—300 人	18	33.33
	300—400 人	8	14.81
	600—800 人	7	12.96
	800—1000 人	4	7.41
	1000—2000 人	17	31.48
总计		54	100

表 5—5 小样本控制变量个人层面描述性统计

统计内容		样本数	百分比（%）
性别	男	31	57.41
	女	23	42.59
总计		54	100
年龄	31—40 岁	38	70.37
	41—50 岁	16	29.63
总计		54	100

统计内容		样本数	百分比（%）
受教育程度	本科以下	19	35.19
	本科	35	64.81
总计		54	100
在本企业工作年限	3—4 年	30	55.56
	5—6 年	21	38.89
	7—8 年	3	5.56
总计		54	100

二　初始测量量表的信度分析

由于本研究的测量量表多是在综合前人量表的基础上设计的，有可能存在"垃圾测量条款"（garbage items），因此有必要首先对各潜变量的测量条款进行净化，并删除信度较低的"垃圾测量条款"。Churchill（1979）指出，如果不删除"垃圾测量条款"对测量量表进行净化，因子分析可能导致多维度的结果，难以对因子作出解释。本研究采用纠正条款总相关系数（Corrected – Item Total Correlation，CITC）和 α 信度系数法（Cronbach α）净化测量条款。一般情况下，若 CITC 小于 0.5 应该考虑删除该指标，同时，Cronbach α 在 0.6 以上均是可以接受的。同时，根据内部一致性 α 值（Alpha Item Deleted，ID α），如果删除某个测量条款可以令 Cronbach α 增大，则表示该测量条款可以删除，测量条款净化后需重新计算 Cronbach α 系数。

（一）内部社会资本初始测量量表的信度分析

本研究将企业内部社会资本分为三个部分加以考察，分别是结构维度社会资本、认知维度社会资本和关系维度社会资本。尽管如此，三维度同属于社会资本，所以有必要在对三维度分别进行信度检验的同时，对企业内部社会资本整体的初始测量量表进行信度分析。具体分析情况如表5—6所示。

表5—6　　　　　　　　　社会资本三维度测量量表的信度分析

维度	测量条款	CITC	ID α	Cronbach α	Total Cronbach α
结构维度 SCS	SCS1	0.6967	0.7691	0.8335	0.9142
	SCS2	0.7094	0.7565		
	SCS3	0.6798	0.7829		
认知维度 SCC	SCC1	0.8782	0.9512	0.9542	
	SCC2	0.8976	0.9371		
	SCC3	0.9342	0.9097		
关系维度 SCR	SCR1	0.8570	0.8903	0.9272	
	SCR2	0.8595	0.8881		
	SCR3	0.8400	0.9048		

首先，从表5—6可以看出，结构维度3项测量条款的CITC值分别为0.6967、0.7094和0.6798，均大于0.5，结构维度 α 值为0.8335，大于0.6，说明量表内部一致性良好；ID α 值分别为0.7691、0.7565和0.7829，均小于0.8335，说明删除任何一项测量条款不会提高内部一致性。综上所述，内部社会资本结构维度测量条款符合信度要求。

其次，从表5—6可以看出，认知维度3项测量条款的CITC值分别为0.8782、0.8976和0.9342，均大于0.5，认知维度 α 值为0.9542，大于0.6，说明量表内部一致性良好；ID α 值分别为0.9512、0.9371和0.9097，均小于0.9542，说明删除任何一项测量条款不会提高内部一致性。综上所述，内部社会资本认知维度测量条款符合信度要求。

再次，从表5—6可以看出，关系维度3项测量条款的CITC值分别为0.8570、0.8595和0.8400，均大于0.5，关系维度 α 值为0.9272，大于0.6，说明量表内部一致性良好；ID α 值分别为0.8903、0.8881和0.9048，均小于0.9272，说明删除任何一项测量条款不会提高内部一致性。综上所述，内部社会资本关系维度测量条款符合信度要求。

总的来看，社会资本构念9项测量条款整体 α 值为0.9142，表明社会资本量表对变化的解释能力为91.42%，具有很高的信度，量表内部一致性良好，说明该量表对内部社会资本的测量是合理可靠的。

（二）知识螺旋初始测量量表的信度分析

本研究将知识螺旋作为一个潜在变量加以考察，尽管如此，知识螺旋是由共同化、表出化、联结化和内在化四个过程组成的，所以，有必要对知识螺旋四个过程分别进行信度分析，同时，对知识螺旋整体的初始测量量表进行信度分析。具体分析情况如表5—7所示。

表 5—7　　　　　　　　　知识螺旋测量量表的信度分析

维度	测量条款	$CITC_1$	$ID\ \alpha_1$	$CITC_2$	$ID\ \alpha_2$	$CITC_3$	$ID\ \alpha_3$	Cronbach α	Total Cronbach α
共同化 KSS	KSS1	0.4064	0.8471	0.3600	0.9003	—	—	$\alpha_1 = 0.8385$ $\alpha_2 = 0.8640$ $\alpha_3 = 0.9003$	
	KSS2	0.2979	0.8640	—	—	—	—		
	KSS3	0.7409	0.7847	0.7629	0.8146	0.7831	0.8692		
	KSS4	0.7610	0.7802	0.7976	0.8052	0.7897	0.8668		
	KSS5	0.7386	0.7849	0.7772	0.8105	0.8153	0.8572		
	KSS6	0.7367	0.7865	0.7290	0.8241	0.7234	0.8902		
表出化 KSE	KSE1	0.5057	0.7882	0.4698	0.8205	—	—	$\alpha_1 = 0.8047$ $\alpha_2 = 0.8188$ $\alpha_3 = 0.8205$	$\alpha_{初} =$ 0.8969
	KSE2	0.7279	0.7313	0.7024	0.7540	0.7127	0.7400		
	KSE3	0.3245	0.8188	—	—	—	—		
	KSE4	0.6105	0.7639	0.6084	0.7860	0.6047	0.7940		
	KSE5	0.6829	0.7444	0.7196	0.7487	0.7082	0.7436		
	KSE6	0.5326	0.7809	0.5727	0.7941	0.5580	0.8110		
联结化 KSC	KSC1	0.7916	0.8681					$\alpha_1 = 0.9004$	
	KSC2	0.7861	0.8715						
	KSC3	0.8348	0.8304						
内在化 KSI	KSI1	0.6540	0.7714	0.6722	0.8383	0.6551	0.8625	$\alpha_{终} =$ 0.9401 $\alpha_1 = 0.8172$ $\alpha_2 = 0.8632$ $\alpha_3 = 0.8697$	
	KSI2	0.6602	0.7728	0.6885	0.8341	0.6832	0.8496		
	KSI3	0.7268	0.7560	0.8033	0.8038	0.8171	0.7960		
	KSI4	0.5846	0.7879	0.5298	0.8697	—	—		
	KSI5	0.7101	0.7575	0.7355	0.8208	0.7500	0.8224		
	KSI6	0.1952	0.8632	—	—	—	—		

首先，从表5—7可以看出，知识螺旋共同化6项测量条款的CITC值分别为0.4064、0.2979、0.7409、0.7610、0.7386和0.7367，α值为0.8385，其中KSS1与KSS2的CITC值小于0.5，存在"垃圾测量条款"，因此首先剔除CITC值最小的测量条款KSS2，重新进行信度分析；剔除

KSS2 之后，知识螺旋共同化剩余 5 项测量条款的 CITC 值分别为 0.3600、0.7629、0.7976、0.7772 和 0.7290，α 值为 0.8640，其中 KSS1 的 CITC 值仍小于 0.5，仍存在"垃圾测量条款"，因此进一步剔除测量条款 KSS1，重新进行信度分析；剔除 KSS2 与 KSS1 之后，知识螺旋共同化剩余 4 项测量条款的 CITC 值分别为 0.7831、0.7897、0.8153 和 0.7234，均大于 0.5，α 值为 0.9003，大于 0.6，说明量表内部一致性良好；ID α 值分别为 0.8692、0.8668、0.8572 和 0.8902，均小于 0.9003，说明再删除任何一项测量条款不会提高内部一致性。综上所述，剔除"垃圾测量条款"后的知识螺旋共同化测量条款符合信度要求。

其次，从表 5—7 可以看出，知识螺旋表出化 6 项测量条款的 CITC 值分别为 0.5057、0.7279、0.3245、0.6105、0.6829 和 0.5326，α 值为 0.8047，其中 KSE3 的 CITC 值小于 0.5，存在"垃圾测量条款"，因此首先剔除测量条款 KSE3，重新进行信度分析；剔除 KSE3 之后，知识螺旋表出化剩余 5 项测量条款的 CITC 值分别为 0.4698、0.7024、0.6084、0.7196 和 0.5727，α 值为 0.8188，其中 KSE1 的 CITC 值仍小于 0.5，仍存在"垃圾测量条款"，因此进一步剔除测量条款 KSE1，重新进行信度分析；剔除 KSE3 与 KSE1 之后，知识螺旋表出化剩余 4 项测量条款的 CITC 值分别为 0.7127、0.6047、0.7082 和 0.5580，均大于 0.5，α 值为 0.8205，大于 0.6，说明量表内部一致性良好；ID α 值分别为 0.7400、0.7940、0.7436 和 0.8110，均小于 0.8205，说明再删除任何一项测量条款不会提高内部一致性。综上所述，剔除"垃圾测量条款"后的知识螺旋表出化测量条款符合信度要求。

再次，从表 5—7 可以看出，知识螺旋联结化 3 项测量条款的 CITC 值分别为 0.7916、0.7861 和 0.8348，均大于 0.5，α 值为 0.9004，大于 0.6，说明量表内部一致性良好；ID α 值分别为 0.8681、0.8715 和 0.8304，均小于 0.9004，说明删除任何一项测量条款不会提高内部一致性。综上所述，剔除"垃圾测量条款"后的知识螺旋联结化测量条款符合信度要求。

最后，从表 5—7 可以看出，知识螺旋内在化 6 项测量条款的 CITC 值分别为 0.6540、0.6602、0.7268、0.5846、0.7101 和 0.1952，α 值为 0.8172，其中 KSI6 的 CITC 值小于 0.5，存在"垃圾测量条款"，因此首先剔除测量条款 KSI6，重新进行信度分析；剔除 KSI6 之后，知识螺旋内在化剩余 5 项测量条款的 CITC 值分别为 0.6722、0.6885、0.8033、0.5298 和 0.7355，均大于 0.5，α 值为 0.8632，说明量表内部一致性良好；ID α 值分别为 0.8383、0.8341、0.8038、0.8697 和 0.8208，其中，测量条款 KSI4 的 ID α 值为 0.8697 大于 0.8632，说明剔除 KSI4 可以提高测量条款的信度，故进一步剔除测量条款 KSI4，重新进行信度分析；剔除 KSI6 与 KSI4 之后，知识螺旋内在化剩余 4 项测量条款的 CITC 值分别为 0.6551、0.6832、0.8171 和 0.7500，均大于 0.5，α 值为 0.8697，大于 0.6，说明量表内部一致性良好；ID α 值分别为 0.8625、0.8496、0.7960 和 0.8224，均小于 0.8697，说明再删除任何一项测量条款不会提高内部一致性。综上所述，剔除"垃圾测量条款"后的知识螺旋内在化测量条款符合信度要求。

总的来看，知识螺旋原有 21 项初始测量条款，初始 α 值为 0.8969，剔除掉 6 项"垃圾测量条款"之后，最终 α 值为 0.9401，表明知识螺旋量表对变化的解释能力为 94.01%，具有很高的信度，量表内部一致性良好，说明该量表对知识螺旋的测量是合理可靠的。

（三）产品创新初始测量量表的信度分析

本研究将产品创新分为三个部分加以考察，分别是创意产生、创意转化和创意扩散。尽管如此，三维度同属于产品创新价值链，所以有必要在对三维度分别进行信度检验的同时，对产品创新整体的初始测量量表进行信度分析。具体分析情况如表 5—8 所示。

表 5—8　　　　　　　　　产品创新测量量表的信度分析

维度	测量条款	$CITC_1$	ID α_1	$CITC_2$	ID α_2	$CITC_3$	ID α_3	Cronbach α	Total Cronbach α
创意产生 IVG	IVG1	0.7699	0.8710	0.7800	0.8851	0.7746	0.9126	$\alpha_1 = 0.8954$ $\alpha_2 = 0.9072$ $\alpha_3 = 0.9240$	
	IVG2	0.8515	0.8623	0.8410	0.8775	0.8068	0.9066		
	IVG3	0.4187	0.9072	—	—	—	—		
	IVG4	0.8167	0.8647	0.8227	0.8783	0.8246	0.9026		
	IVG5	0.5615	0.8952	0.4929	0.9240	—	—		
	IVG6	0.7910	0.8683	0.8305	0.8774	0.8630	0.8945		
	IVG7	0.6633	0.8839	0.7088	0.8955	0.7495	0.9167		

续表

维度	测量条款	$CITC_1$	ID α_1	$CITC_2$	ID α_2	$CITC_3$	ID α_3	Cronbach α	Total Cronbach α
创意转化 IVT	IVT1	0.8619	0.8640	0.8624	0.9533			$\alpha_1=0.9066$ $\alpha_2=0.9573$	$\alpha_{初}=$ 0.8879 $\alpha_{终}=$ 0.9301
	IVT2	0.9097	0.8523	0.9284	0.9337				
	IVT3	0.2790	0.9573	—	—				
	IVT4	0.8842	0.8586	0.9084	0.9398				
	IVT5	0.8859	0.8584	0.8814	0.9478				
创意扩散 IVD	IVD1	0.3497	0.8512	—	—			$\alpha_1=0.7956$ $\alpha_2=0.8512$	
	IVD2	0.7125	0.6884	0.7602	0.7542				
	IVD3	0.6875	0.7022	0.7175	0.7955				
	IVD4	0.6961	0.6979	0.6863	0.8245				

首先，从表5—8可以看出，产品创新创意产生7项测量条款的CITC值分别为0.7699、0.8515、0.4187、0.8167、0.5615、0.7910和0.6633，α值为0.8954，其中IVG3的CITC值小于0.5，存在"垃圾测量条款"，因此首先剔除测量条款IVG3，重新进行信度分析；剔除IVG3之后，产品创新创意产生剩余6项测量条款的CITC值分别为0.7800、0.8410、0.8227、0.4929、0.8305和0.7088，α值为0.9072，其中IVG5的CITC值小于0.5，仍存在"垃圾测量条款"，因此进一步剔除测量条款IVG5，重新进行信度分析；剔除IVG3与IVG5之后，产品创新创意产生剩余5项测量条款的CITC值分别为0.7746、0.8068、0.8246、0.8630和0.7495，均大于0.5，α值为0.9240，大于0.6，说明量表内部一致性良好；ID α值分别为0.9126、0.9066、0.9026、0.8945和0.9167，均小于0.9240，说明再删除任何一项测量条款不会提高内部一致性。综上所述，剔除"垃圾测量条款"后的产品创新创意产生测量条款符合信度要求。

其次，从表5—8可以看出，产品创新创意转化5项测量条款的CITC值分别为0.8619、0.9097、0.2790、0.8842和0.8859，α值为0.9066，其中IVT3的CITC值小于0.5，存在"垃圾测量条款"，因此首先剔除测量条款IVT3，重新进行信度分析；剔除IVT3之后，产品创新创意转化剩余4项测量条款的CITC值分别为0.8624、0.9284、0.9084和0.8814，均大于0.5，α值为0.9573，大于0.6，说明量表内部一致性良好；ID α 值分别为 0.9533、0.9337、0.9398 和 0.9478，均小于 0.9573，说明再删除任何一项测量条款不会提高内部一致性。综上所述，剔除"垃圾测量条款"后的产品创新创意转化测量条款符合信度要求。

最后，从表 5—8 可以看出，产品创新创意扩散 4 项测量条款的 CITC 值分别为 0.3497、0.7125、0.6875 和 0.6961，α 值为 0.7956，其中 IVD1 的 CITC 值小于 0.5，存在"垃圾测量条款"，因此首先剔除测量条款 IVD1，重新进行信度分析；剔除 IVD1 之后，产品创新创意扩散剩余 3 项测量条款的 CITC 值分别为 0.7602、0.7175 和 0.6863，均大于 0.5，α 值为 0.8512，说明量表内部一致性良好；ID α 值分别为 0.7542、0.7955 和 0.8245，均小于 0.8512，说明再删除任何一项测量条款不会提高内部一致性。综上所述，剔除"垃圾测量条款"后的产品创新创意扩散测量条款符合信度要求。

总的来看，产品创新原有 16 项初始测量条款，初始 α 值为 0.8879，剔除掉 4 项"垃圾测量条款"之后，最终 α 值为 0.9301，表明知识螺旋量表对变化的解释能力为 93.01%，具有很高的信度，量表内部一致性良好，说明该量表对产品创新的测量是合理可靠的。

三　初始测量量表的探索性因子分析

通过对初始测量量表的信度分析，共剔除 10 项"垃圾测量条款"，由剩余 36 项测量条款组成的修正测量量表符合信度要求。对初始测量量表净化之后，需要进行探索性因子分析，目的在于找出数据的共同属性，并检验不同变量间的判别效度。因子分析之前，应先检验是否适合进行因子分析，一般可以通过 KMO 检验（Kaiser – Meyer – Olkin Measure of Sampling Adequacy）和 Bartlett 球形检验（Bartlett Test of Sphericity）判断，一般情况下，KMO 小于 0.6 便不适合进行因子分析，而 Bartlett 球形检验的统计值的相伴概率小于显著性水平适合做因子分析。本研究采用主成分分析（Principle Component Methods）对剩余测量条款进行探索性因子分析，并采用方差极大值法（varimax）进行因子旋转，提取特征值大于 1 的因子。一般情况下，如测量条款的因子载荷小于 0.5 则认为该测量条款没有被提取的因子很好地解释，应加以剔除，同时，当剩余测量条款的累计方差贡献率（cumulative % of variance）大于 50% 则认为测量条款符合要求。

本研究将分别对企业内部社会资本、知识螺旋和产品创新三个部分做探索性因子分析。

（一）内部社会资本初始测量量表的探索性因子分析

在分别对企业内部社会资本的结构维度、认知维度和关系维度的测量量表进行分析与净化后，本研究对剩余的 9 项测量条款做主成分分析，以判断测量条款是否需要调整。首先，对 3 个变量 9 项测量条款做 KMO 和 Bartlett 球形检验，检验结果如表 5—9 所示。

表 5—9　　　内部社会资本测量量表的 KMO 和 Bartlett 球形检验

统计量		统计值
KMO 检验		0.833
Bartlett 球形检验	卡方值	416.195
	Sig.	0.000

由表 5—9 可知，KMO 检验值为 0.833 > 0.6，Bartlett 球形检验的统计值的相伴概率为 0.000 < 0.05，说明企业内部社会资本测量量表适合进行因子分析。因子分析结果如表 5—10 所示。

由表 5—10 可知，通过主成分分析提取出 3 个特征值大于 1 的因子。其中，因子 1 特征值为 5.361，在认知维度 3 项测量条款上的因子载荷均大于 0.5，而在其他 6 项测量条款上的因子载荷均小于 0.5，因此，因子 1 代表企业内部社会资本的认知维度；因子 2 的特征值为 1.458，在关系维度 3 项测量条款上的因子载荷均大于 0.5，而在其他 6 项测量条款上的因子载荷均小于 0.5，因此，因子 2 代表企业内部社会资本的关系维度；因子 3 的特征值为 1.044，在结构维度 3 项测量条款上的因子载荷均大于 0.5，而在其他 6 项测量条款上的因子载荷均小于 0.5，因此，因子 3 代表企业内部社会资本的结构维度。同时，3 个因子的累计方差贡献率为 86.258%，大于 50%，说明测量条款符合要求，并且与本研究假设部分提出的企业内部社会资本三维度特征相符。

表 5—10　　　　　　　　企业内部社会资本测量量表的因子分析

潜在变量	测量条款	因子		
		1	2	3
结构维度 SCS	SCS1	0.491	0.264	
	SCS2	0.138	0.314	
	SCS3	0.089	0.204	
认知维度 SCC	SCC1	0.852	0.351	0.203
	SCC2	0.936	0.163	0.147
	SCC3	0.935	0.218	0.148
关系维度 SCR	SCR1	0.207	0.857	0.325
	SCR2	0.208	0.887	0.233
	SCR3	0.343	0.829	0.256
特征值		5.361	1.458	1.044
累计方差贡献率		59.570	75.765	86.258

（二）知识螺旋初始测量量表的探索性因子分析

在分别对知识螺旋的共同化、表出化、联结化和内在化的测量条款进行分析与净化后，本研究对剩余的 15 项测量条款做主成分分析，以判断测量条款是否需要调整。首先，对 15 项测量条款做 KMO 和 Bartlett 球形检验，检验结果如表 5—11 所示。

表 5—11　　　　　知识螺旋测量量表的 KMO 和 Bartlett 球形检验

统计量		统计值
KMO 检验		0.892
Bartlett 球形检验	卡方值	601.800
	Sig.	0.000

由表 5—11 可知，KMO 检验值为 0.892 > 0.6，Bartlett 球形检验的统计值的相伴概率为 0.000 < 0.05，说明知识螺旋测量量表适合进行因子分析。因子分析结果如表 5—12 所示。

表5—12   知识螺旋测量量表的因子分析

维度	测量条款	因子			
		1	2	3	4
共同化 KSS	KSS1	0.129	0.330	0.818	0.102
	KSS2	0.171	0.188	0.842	0.112
	KSS3	0.274	0.323	0.748	0.244
	KSS4	0.278	0.191	0.758	0.151
表出化 KSE	KSE1	0.167	0.484	0.322	0.621
	KSE2	0.147	0.101	0.220	0.878
	KSE3	0.474	0.261	0.350	0.670
	KSE4	0.253	0.445	0.107	0.598
联结化 KSC	KSC1	0.263	0.627	0.407	0.430
	KSC2	0.286	0.809	0.258	0.113
	KSC3	0.213	0.802	0.325	0.180
内在化 KSI	KSI1	0.754	0.338	0.215	−0.302
	KSI2	0.776	0.265	0.101	0.254
	KSI3	0.817	0.180	0.241	0.151
	KSI4	0.785	−0.037	0.359	0.283
特征值		3.480	3.466	3.382	1.502
累计方差贡献率		23.203	46.313	68.856	78.871

由表5—12可知，通过主成分分析提取出4个特征值大于1的因子。其中，因子1特征值为3.480，在内在化维度4项测量条款上的因子载荷均大于0.5，而在其他11项测量条款上的因子载荷均小于0.5，因此，因子1代表知识螺旋内在化维度；因子2的特征值为3.466，在联结化维度3项测量条款上的因子载荷均大于0.5，而在其他12项测量条款上的因子载荷均小于0.5，因此，因子2代表知识螺旋联结化维度；因子3的特征值为3.382，在共同化4项测量条款上的因子载荷均大于0.5，而在其他11项测量条款上的因子载荷均小于0.5，因此，因子3代表知识螺旋共同化维度；因子4的特征值为1.502，在表出化4项测量条款上的因子载荷均大于0.5，而在其他11项测量条款上的因子载荷均小于0.5，因此，因子4代表知识螺旋表出化维度。同时，4个因子的累计方差贡献率为

78.871%，大于50%，说明测量条款符合要求，并且与本研究假设部分提出的知识螺旋四维度特征相符。

（三）产品创新初始测量量表的探索性因子分析

在分别对产品创新的创意产生、创意转化和创意扩散的测量量表进行分析与净化后，本研究对剩余的12项测量条款做主成分分析，以判断测量条款是否需要调整。首先，对3个变量12项测量条款做KMO和Bartlett球形检验，检验结果如表5—13所示。

表5—13　　　　产品创新测量量表的KMO和Bartlett球形检验

统计量		统计值
KMO 检验		0.795
Bartlett 球形检验	卡方值	508.593
	Sig.	0.000

由表5—13可知，KMO检验值为0.795>0.6，Bartlett球形检验的统计值的相伴概率为0.000<0.05，说明产品创新测量量表适合进行因子分析。因子分析结果如表5—14所示。

表5—14　　　　产品创新测量量表的因子分析

潜在变量	测量条款	因子		
		1	2	3
创意产生 IVG	IVG1	0.787	0.302	0.153
	IVG2	0.823	0.248	0.186
	IVG3	0.866	0.152	0.167
	IVG4	0.930	0.086	0.032
	IVG5	0.836	0.198	-0.067
创意转化 IVT	IVT1	0.154	0.824	0.201
	IVT2	0.233	0.892	0.207
	IVT3	0.226	0.821	0.225
	IVT4	0.284	0.863	0.202

续表

潜在变量	测量条款	因子		
		1	2	3
创意扩散 IVD	IVD1	0.093	0.271	0.851
	IVD2	0.135	0.095	0.894
	IVD3	0.050	0.444	0.737
特征值		5.976	2.339	1.262
累计方差贡献率		49.803	69.291	79.805

由表5—14可知,通过主成分分析提取出3个特征值大于1的因子。其中,因子1特征值为5.976,在创意产生5项测量条款上的因子载荷均大于0.5,而在其他7项测量条款上的因子载荷均小于0.5,因此,因子1代表产品创新的创意产生维度;因子2的特征值为2.339,在创意转化4项测量条款上的因子载荷均大于0.5,而在其他8项测量条款上的因子载荷均小于0.5,因此,因子2代表产品创新的创意转化维度;因子3的特征值为1.262,在创意扩散3项测量条款上的因子载荷均大于0.5,而在其他9项测量条款上的因子载荷均小于0.5,因此,因子3代表产品创新的创意扩散维度。同时,3个因子的累计方差贡献率为79.805%,大于50%,说明测量条款符合要求,并且与本研究假设部分提出的产品创新三维度特征相符。

通过54份小样本检验可以发现,存在部分不理想的测量条款。通过信度分析和探索性因子分析,本研究剔除了"垃圾测量条款",并结合小样本调查中发现的问题,对测量条款的措辞进一步修改,形成测量量表最终版本,见附录1。

第六章 样本描述与假设检验

在已有文献的基础上，上文提出了本研究的理论模型及研究假设，理论模型的有效性需要实践的检验。本章通过对研究数据的收集与处理，对本研究提出的理论模型和相关假设进行检验，以检验理论模型的有效性及研究假设的合理性。本章主要分为四个部分：首先，介绍本研究样本选取、数据收集情况，并对数据作出结构性描述统计；其次，利用收集的样本数据对本研究的测量量表进行信度与效度分析；再次，采用结构方程建模技术，检验本研究所构建的理论模型及研究假设是否成立，并对相关理论模型进行比较，确定最佳的匹配模型，分析社会资本通过知识螺旋影响产品创新的路径；最后，依据实证研究，对研究结果进一步讨论。

第一节 数据收集

样本选择问题对于社会学研究来说是极其重要的环节，样本质量决定了研究结论的普适性（generalizability）。本研究主要调查辽宁高新技术企业，其原因一方面在于，高新技术企业一般都是知识密集型企业，有利于进行知识管理研究；另一方面，高新技术企业更加倾向于频繁的产品创新。另外，样本企业的成立时间均在一年以上，其原因在于社会资本积累、知识螺旋和产品创新一般需要一段时间的积淀。

在调查方式的选择上，本研究选择网络调查与纸本调查相结合的方式对数据进行收集。余民宁和李仁豪（2006）通过实证研究发现，问卷调查方式对回收率确实有调查方式效果的影响存在，但对问卷调查实质内容却没有调查方式效果的影响产生，不管是在一般事实性问题的问卷调查还是在态度测量类上的问卷调查，网络问卷与纸本问卷都没有实质内容上的差异存在。与纸本问卷相比，网络问卷具有得天独厚的优势，主要体现在调查范围广、时效性强、运作速度快、可信性高、便捷性强、交互性高和可控性强等方面。网络调查的具体操作方式为借助专业网络调查网站，将编制好的调查问卷上传，由网站负责发放及推广，笔者对所收集的问卷逐一电话或邮件跟踪，确定最后的合理样本；纸本调查的具体操作包括两种形式，一种为笔者亲自到企业进行拜访调查，另一种为邮寄问卷进行调查。调查对象一般为企业的高层主管。调研人员首先根据企业黄页随机抽取欲调查的样本企业，然后通过打电话的方式与该企业高层主管取得联系，说明本次调查的目的，确认该企业愿意接受调查后，再通过网络问卷、邮寄与上门拜访相结合的方式进行调查。

结构方程建模中样本量的大小受到观察变量数目的影响。Schumacker 和 Lomax（1996）研究发现，大部分结构方程模型研究的样本数多介于 200 至 500 之间，但在行为及社会科学研究领域中，有时候研究取样的样本数会少于 200 或多于 500。Kline（2010）研究发现，在结构方程模型分析中，如是样本数低于 100 会导致估计结果的不可靠。Bentler 和 Chou（1987）认为研究的变量如符合正态或椭圆分布情形，则每个观察变量 5 个样本就足够了，如果是其他分布，则每个变量最好10 个样本以上。综合以上学者的观点，考虑企业层面调查的相对难度，本研究初步预期有效样本数为观察变量数目的 5 倍以上，即最少 180 份有效问卷。

为了提高回收率和有效率，调查中笔者主要作出了如下努力和尝试。首先，在调查问卷的前导语中强调本调查的学术目的性，旨在进行纯学术研究，并不涉及商业机密，并且采用匿名填写，以打消问卷填写者的顾虑；其次，为了调动参与积极性，问卷末端说明如有需要会将研究结果反馈给参与者，并且每一位参与者将有象征性礼品赠送；最后，对参与者进行及时复核及回访，以对参与者身份及回答质量作出确认。

本研究数据收集从 2011 年 7 月开始至 2011 年 12 月底结束，历时半年左右。共发放问卷 300 份，回收问卷共 281 份，回收率为 93.67%，筛选剔除掉得分之间没有显著区别以及明显前后矛盾的无效问卷，共得到有效问卷 243 份，有效率为 86.48%。问卷回收率达到 60% 才适于进行分析。因此，本研究问卷回收率及有效率良好。

第二节 数据描述

数据描述主要涉及调查样本企业层面和个人层面的描述性统计。其中企业层面主要涉及样本所处的主导行业、规模和产权性质等方面；而个人层面主要涉及调查对象的性别、年龄、受教育程度和组织工龄等方面。

一 调查样本企业层面描述性统计

调查样本的企业层面描述性统计量主要包括企业主营业务所处的行业、产权性质和企业规模等。

（一）调查样本主营业务描述性统计

由表6—1可以看出，大部分调查对象的主营业务为IT和生物医药行业，分别有61家和22家，占到总数的30.35%和27.36%；其次为新材料行业，共有37家企业，占总数的18.41%；家电行业和新能源与新技术行业的样本各占到1成左右，分别为20家和19家，各占总数的9.95%和9.45%；汽车行业样本最少，为9家，占总数的4.48%。

表6—1　　　　　　调查样本的主营业务分布情况（N = 201）

统计内容（主营业务）	样本数	百分比（%）
汽车	9	4.48
家电	20	9.95
新材料	37	18.41
IT	61	30.35
生物医药	55	27.36
新能源与新技术	19	9.45
总计	201	100.00

（二）调查样本产权性质描述性统计

由表6—2可以看出，样本企业的产权性质近一半为民营企业，共达85家，占总数的42.29%；其次为国有独资企业，达36家，占总数的17.91%；国有控股企业样本数为28家，占总数的13.93%；国有参股企业样本数为7家，占总数的3.48%；外商独资企业共有18家，占总数的

8.96%；中外合资企业为16家，占总数的7.96%；另有11家企业为其他产业或主营业务比较分散，占总数的5.47%。

表6—2　　　　　调查样本的产权性质分布情况（N＝201）

统计内容（产权性质）	样本数	百分比（%）
国有独资	36	17.91
国有控股	28	13.93
国有参股	7	3.48
民营	85	42.29
中外合资	16	7.96
外商独资	18	8.96
其他	11	5.47
总计	201	100.00

（三）调查样本企业规模描述性统计

可以通过企业员工数来表征企业规模。由表6—3可以看出，调查企业员工人数在100人以下的有60家，所占比例最大，达29.85%；其次，员工人数在3000人以上的也有39家企业，占总数的19.40%；100—200人的企业为24家，占总数的11.94%；1000—2000人的企业为23家，占总数的11.44%；200—300人的企业和300—400人的企业各有11家，分别占总数的5.47%；800—1000人的企业为9家，占总数的4.48%；600—800人的企业为8家，占总数的3.98%；2000—3000人的企业为7家，占总数的3.48%；500—600人的企业为5家，占总数的2.49%；400—500人的企业最少，仅为4家，占总数的2.00%。可以看出，样本企业比较均匀地分布在小型企业、中型企业和大型企业之中。

表6—3　　　　　调查样本的企业规模分布情况（N＝201）

统计内容（企业规模）	样本数	百分比（%）
100人	60	29.85
100—200人	24	11.94
200—300人	11	5.47
300—400人	11	5.47

续表

统计内容（企业规模）	样本数	百分比（%）
400—500 人	4	2.00
500—600 人	5	2.49
600—800 人	8	3.98
800—1000 人	9	4.48
1000—2000 人	23	11.44
2000—3000 人	7	3.48
3000 人以上	39	19.40
总计	201	100.00

二 调查样本个人层面描述性统计

调查样本的个人层面描述性统计量主要包括调查对象的性别、年龄、受教育程度和组织工龄等，如表6—4所示。

调查对象的性别分布比较均匀，其中男性有122位，占总数的60.70%；女性为79位，占总数的39.30%。

调查对象多为中青年，是企业的主力军。其中，年龄处于21—30岁的员工为33位，占总数的16.42%；年龄处于31—40岁的员工最多，为159位，占总数的79.10%；41—50岁的员工较少，为8位，占总数的3.98%；50岁以上的员工最少，仅为1位，占总数的0.50%。

调查对象的受教育程度普遍较高，这也是企业高层管理人员的真实现状。其中，具有本科以下学历的员工很少，为20位，占总数的9.95%；近乎一半员工具有本科学历，为97位，占总数的48.26%；具有研究生学历的员工数也接近一半，为84位，占总数的41.79%，其中硕士研究生72位，占总数的35.82%，博士研究生12位，占总数的5.97%。

调查对象在本企业的工作年限普遍较短，以新员工居多。其中，近一半的员工在本企业工作年限为1—2年，为90位，占总数的44.77%；两成多员工在本企业工作年限为3—4年，为46位，占总数的22.89%；在本企业工作年限达5—6年的员工有34位，占总数的16.91%；在本企业工作7—8年的员工较少，为9位，占总数的4.48%；在本企业工作9—10年的员工也较少，同样是9位，占总数的4.48%；在本企业工作10年以上的员工达 13 位，占总数的 6.47%。

表 6—4　　　　　　调查样本的个人层面描述性统计（N = 201）

统计内容		样本数	百分比（%）
性别	男	122	60.70
	女	79	39.30
年龄	21—30 岁	33	16.42
	31—40 岁	159	79.10
	41—50 岁	8	3.98
	50 岁以上	1	0.50
受教育程度	本科以下	20	9.95
	本科	97	48.26
	硕士研究生	72	35.82
	博士研究生	12	5.97
在本企业工作年限	1—2 年	90	44.77
	3—4 年	46	22.89
	5—6 年	34	16.91
	7—8 年	9	4.48
	9—10 年	9	4.48
	10 年以上	13	6.47

三　测量条款描述性统计

在结构方程建模之前，需要对联合正态分布加以讨论。实际统计分析中，通常将偏度（Skewness）和峰度（Kurtosis）结合起来运用，以判断变量分布是否接近于正态分布。

偏度是统计数据分布形态偏斜方向和程度的度量，是统计数据分布非对称程度的数字特征。具体的计算公式为

$$Skewness = \frac{1}{n-1} \sum_{i=1}^{n} (x_i - \bar{x})^3 / SD^3$$

其中，$\bar{x}$ 为样本平均数；

SD 为标准差。

当偏度值为 0 时，数据分布形态与正态分布偏度相同，为标准偏度；

当偏度值大于 0 时，数据分布形态为右偏分布，偏度值越大，右偏程度越高；当偏度值小于 0 时，数据分布形态为左偏分布，偏度值越小，左偏程度越高。

峰度是统计数据分布形态陡缓程度的度量，是统计数据分布集中与分散程度的数字特征。具体的计算公式为

$$Kurtosis = \frac{1}{n-1}\sum_{i=1}^{n}(x_i - \overline{x})^4/SD^4 - 3$$

其中，$\overline{x}$ 为样本平均数；

SD 为标准差。

当峰度值为 0 时，数据分布形态与正态分布的陡缓程度相同，为标准峰度；当峰度值大于 0 时，数据分布形态为尖顶峰度，峰度值越大，陡峭程度越高；当峰度值小于 0 时，数据分布形态为平顶峰度，峰度值越小，平坦程度越高。

一般情况下，结构方程建模要求数据服从正态分布。当数据不能满足正态分布时，可以采用 Bootstrap 方法。通常意义上，偏度值与峰度值的临界比值（critical ratio，C. R.）的绝对值小于 2 则可以认为非正态程度统计不显著。本研究所用量表各变量测量条款的均值、标准差、方差、偏度和峰度等描述性统计量如表 6—5 所示。从表 6—5 可以看出，本研究的 36 个观察变量的偏度值的绝对值大多数小于 2 的临界标准，但是峰度值的临界值比绝对值大多超过了 2 的临界标准，可以认为非正态程度统计显著。Kline（2010）认为，当多元（Multivariate）峰度绝对值小于 10 时，表明样本基本上服从正态分布。本研究的多元峰度绝对值为 197.802，超过 10 的临界值。所以，可以认为本研究数据的分布形态不满足联合正态分布，应采用 Bootstrap 方法进行结构方程建模。

表 6—5　　　　　各变量测量条款调查数据的描述性统计分析

测量条款	样本数	最小值	最大值	均值	标准差	方差	偏度		峰度	
	统计	统计	统计	统计	统计	统计	统计	临界值比	统计	临界值比
SCS1	201	1	5	3.835821	1.033398	1.06791	-0.513	-2.968	-0.453	-1.31
SCS2	201	1	5	4.024876	1.007163	1.014378	-0.697	-4.036	-0.302	-0.875
SCS3	201	1	5	3.825871	0.976999	0.954527	-0.517	-2.993	-0.159	-0.461
SCC1	201	1	5	3.636816	1.154313	1.332438	-0.551	-3.188	-0.484	-1.4

续表

测量条款	样本数	最小值	最大值	均值	标准差	方差	偏度		峰度	
	统计	统计	统计	统计	统计	统计	统计	临界值比	统计	临界值比
SCC2	201	1	5	3.616915	1.190593	1.417512	-0.528	-3.058	-0.563	-1.629
SCC3	201	1	5	3.587065	1.18475	1.403632	-0.516	-2.985	-0.512	-1.483
SCR1	201	1	5	3.58209	1.214281	1.474478	-0.419	-2.424	-0.798	-2.309
SCR2	201	1	5	3.671642	1.179679	1.391642	0.515	-2.981	-0.592	-1.714
SCR3	201	1	5	3.711443	1.047052	1.096318	-0.451	-2.612	-0.267	-0.772
KSS1	201	1	5	3.681592	1.223973	1.498109	-0.72	-4.166	-0.384	-1.112
KSS2	201	1	5	3.597015	1.204903	1.451791	-0.495	-2.866	-0.663	-1.919
KSS3	201	1	5	3.383085	1.223729	1.497512	-0.269	-1.559	-0.858	-2.483
KSS4	201	1	5	3.238806	1.205274	1.452687	-0.277	-1.605	-0.727	-2.105
KSE1	201	1	5	3.124378	1.272577	1.619453	-0.19	-1.101	-0.908	-2.628
KSE2	201	1	5	3.457711	1.356264	1.839453	-0.447	-2.587	-0.971	-2.811
KSE3	201	1	5	3.542289	1.199772	1.439453	-0.387	-2.241	-0.839	-2.428
KSE4	201	1	5	3.781095	1.118857	1.251841	-0.742	-4.297	-0.172	-0.498
KSC1	201	1	5	3.701493	1.140372	1.300448	-0.594	-3.438	-0.327	-0.947
KSC2	201	1	5	3.885572	1.162687	1.351841	-0.848	-4.908	-0.135	-0.39
KSC3	201	1	5	3.532338	1.25706	1.580199	-0.49	-2.834	-0.721	-2.085
KSI1	201	1	5	3.79602	1.154636	1.333184	-0.828	-4.79	0.022	0.062
KSI2	201	1	5	3.935323	1.063389	1.130796	-0.846	-4.899	0.163	0.471
KSI3	201	1	5	3.900498	1.029587	1.06005	-0.737	-4.267	0.083	0.241
KSI4	201	1	5	3.850746	1.085178	1.177612	-0.784	-4.538	0.019	0.054
IVG1	201	1	5	3.527363	1.157799	1.340498	-0.541	-3.134	-0.453	-1.312
IVG2	201	1	5	3.472637	1.122719	1.260498	-0.473	-2.74	-0.426	-1.234
IVG3	201	1	5	3.651741	1.182417	1.398109	-0.556	-3.218	-0.537	-1.554
IVG4	201	1	5	3.567164	1.134335	1.286716	-0.62	-3.589	-0.238	-0.688
IVG5	201	1	5	3.512438	1.122985	1.261095	-0.488	-2.823	-0.282	-0.816
IVT1	201	1	5	3.333333	1.119524	1.253333	-0.297	-1.718	-0.395	-1.144
IVT2	201	1	5	3.343284	1.169003	1.366567	-0.278	-1.609	-0.657	-1.902
IVT3	201	1	5	3.373134	1.164077	1.355075	-0.397	-2.296	-0.43	-1.245
IVT4	201	1	5	3.338308	1.172593	1.374975	-0.363	-2.103	-0.478	-1.385
IVD1	201	1	5	3.422886	1.202195	1.445274	-0.424	-2.453	-0.621	-1.797
IVD2	201	1	5	3.427861	1.194161	1.42602	-0.429	-2.484	-0.57	-1.648
IVD3	201	1	5	3.452736	1.165764	1.359005	-0.427	-2.469	-0.556	-1.608
Multi-variate									197.802	26.806

第三节 模型适配度指标

本章采用验证性因子分析（confirmatory factor analysis，CFA）进行检验，因为 CFA 偏重于检验假定的观察变量与假定的潜在变量间的关系。结构方程模型提供了多种模型适配度指标（goodness – of – fit indices），适配度指标可以评价假设的模型与收集的数据是否相互适配。Byrne（1998）建议，模型适配度的评估应该来自不同的数据源，从不同的观点采用多种准则指标来评估模型的适配度。一般而言，模型适配度指标是否达到适配标准可从以下几个指标来浏览。

卡方自由度比（χ^2/df）。由于 χ^2 值对于样本总体的多变量正态性、估计参数和样本大小特别敏感，所以在使用真实世界的数据来评价理论模型时，通常 χ^2 统计的实质帮助不大。因此，多数学者建议采用 χ^2/df 指标。χ^2/df 越小表示模型的协方差矩阵与观察数据越适配。一般而言，χ^2/df 小于 2 时，表示模型的适配度较佳，较宽松的规定值为 5。

渐进残差均方和平方根（root mean square error of approximation，RMSEA）。RMSEA 为一种不需要基准线模型的绝对性指标，通常被视为最重要的适配度信息。越小的 RMSEA 值表示模型的适配度越佳。一般而言，RMSEA 值小于 0.01 时，表示模型具有相当理想的适配（outstanding fit）；RMSEA 值小于 0.05 时，表示模型具有良好的适配（good fit）；RMSEA 值介于 0.05—0.08 之间时，表示模型具有合理的适配（reasonable fit）；RMSEA 值介于 0.08—0.10 之间时，表示模型具有普通适配（mediocre fit）；RMSEA 值超过 0.10 时，表示模型呈现不良适配（poor fit）。

良适性适配指标（goodness – of – fit index，GFI）和调整后良适性适配指标（adjusted goodness – of – fit index，AGFI）。一般而言，GFI 值大于 0.90 时，表示模型路径图与实际数据有良好的适配度。鉴于 GFI 受到样本大小的影响，AGFI 同时考虑了估计的参数数目与观察变量数。一般而言，AGFI 值大于 0.90 时，表示模型与实际数据具有良好的适配度，更为严格的标准为 0.92 以上。

还有一些其他的模型适配度评价指标，比如卡方值（χ^2）、残差均方和平方根（root mean square residual，RMR）、标准化残差均方和平方根（standardized root mean square residual，SRMR）、期望跨效度指数（expec-

ted cross – validation index，ECVI）、非集中性参数（non – centrality param-
eter，NCP）和量尺非集中性参数（scaled non – centrality parameter，
SNCP）等绝对适配统计量；规准适配指数（normed fit index，NFI）、相
对适配指数（relative fit index，RFI）、增值适配指数（incremental fit in-
dex，IFI）、非规准适配指数（non – normed fit index，NFI）和比较适配指
数（comparative fit index，CFI）等增值适配度统计量；Akaike 讯息效标
（Akaike information criteria，AIC）、调整 Akaike 讯息效标（consistent
Akaike information criteria，AIC）、简约调整后的规准适配指数（parsimo-
ny – adjusted normed fit index，PNFI）、简约适配度指数（parsimony good-
ness – of – fit index，PGFI）和临界样本数（Critical N，CN）等简约适配
统计量。

　　模型适配度评估的指标值很多，供研究者选择的评估组合也有多种，
在进行模型适配度的判断时要格外慎重，McDonald 和 Ho（2002）和邱皓
政（2005）明确指出研究者在使用以上不同评价指标时应注意以下四点：

　　第一，适配度的指标虽然都有很明确的意义，但是从实证的角度或数
学观点来看，并没有一个强有力的理论基础来支持数字背后的意义与其使
用原则，指标值的背后仍存有未知或未被察觉的隐忧。

　　第二，不同指标值的优劣比较仍具有相当大的争议，尤其是某些指标
以独立模型（假设所有观察变量间不具有共变关系的模型）作为比较基
础点的做法，其合理性仍有待商榷。

　　第三，SEM 模型的检验应以理论为依归，进行统计决策时，应该兼
顾理论的合理性准则；然而，多数模型适配度指标只是反映一种分析技术
上的程度，而非理论上的证据，当研究者提出无数种可能的模型时，指标
的完美适配只是反映在其中一种可能模型之中，这是一种技术上的最佳
化，而非理论上的最佳化。

　　第四，不佳的模型适配度多数是因为错误的模型界定所造成的。由于
模型适配度指标是一种概括性指标，模型中造成模型适配度不佳的不适当
的参数界定无法被这些适配度指标检测出来，可以从模型适配残差值了解
模型大致的估计情况。

　　综上所述，参照大多数学者的做法，本研究主要选取 χ^2/df、RM-
SEA、GFI 和 AGFI 等适配度评价指标，兹将这些模型适配度的评价指标
及其评价标准整理如表6—6 所示。

表6—6　　　　本研究拟采用的模型适配度评价指标及其评价标准

统计检验量	适配的标准或临界值
χ^2/df	<2（严格标准）；<5（宽松标准）
RMSEA	<0.01（理想的适配）；<0.05（良好的适配）；<0.08（合理的适配）
GFI	>0.90
AGFI	>0.90（宽松标准）；>0.92（严格标准）

第四节　量表的信度与效度分析

运用结构方程模型进行分析通常包括两个阶段，即测量模型的信度和效度检验与结构模型内部的因果关系检验。测量变量的可信性和有效性是潜变量之间统计关系有意义的保证和必要条件。测量变量的可信性和有效性可以通过检验测量条款的信度和效度获得。信度是评价结果的前后一致性，也就是评价得分使人们可以信赖的程度有多大；效度则是一种关系，是研究结果和研究的其他部分（包括研究者、研究问题、目的、对象、方法和背景）之间的一种一致性。荣泰生（2005）指出，信度和效度是任何研究中的测量工具所不可或缺的条件。信度的估计方法可以分为再测信度、分半信度和同质性信度，其中同质性信度也称为内部一致性，主要测量内部所有项目间的一致性，是最常用的信度检验方法。本研究的信度检验主要考察同质性信度，即测量各个维度内部所有项目间的一致性。考验效度的方法很多，French 和 Mischel 根据测验目标把效度分为内容效度、建构效度和效标关联效度，这种分类为美国心理学会在 1974 年发行的《教育与心理测验的标准》一书所采纳，成为通行的效度分类方法。本研究的效度检验主要考察内容效度和建构效度，建构效度又分为聚合效度和判别效度，即考察测量条款的代表性与适用性、同一构念下测量条款的聚合程度和不同构念的区别程度。

一　同质性信度分析

同质性信度分析主要考察每项条款得分与剩余各项得分间的相关系数值（Corrected Item – Total Correlation，CITC）、内部一致性 α 值（Alpha Item Deleted，ID α）、重复度量方差分析（F test，P_F）、条款间平均得分相等性检验（Hotelling's T‐square，P_H）、各维度同质性信度（Cronbach α）和构念整体同质性信度（Total Cronbach α）等几项指标。一般情况下，若 CITC 小于 0.5 应该考虑删除该指标，同时，Cronbach α 在 0.6 以上均是可以接受的。

其中，CITC 值和各维度 α 值可以说明量表的内部一致性；ID α 值及其与各维度 α 值的比较可以说明删除某项条款对内部一致性的改善程度；重复度量方差分析的显著性概率 P_F 可以说明测量量表的重复度量效果；条款间平均得分相等性检验的显著性概率 P_H 可以说明测量条款间平均得分的相等性程度，是否具有内在的相关性；构念整体 α 值可以说明构念整体的同质性信度。综合考虑以上几项指标便可以分析测量条款是否符合信度要求，即是否具有可信性。

（一）内部社会资本同质性信度分析

表 6—7 显示了对内部社会资本构念的 3 个维度共 9 项测量条款的同质性信度分析结果，具体分析如下。

表 6—7　　　　　　内部社会资本测量量表的同质性信度分析

维度	测量条款	CITC	ID α	Cronbach α	P_F	P_H	Total Cronbach α
结构维度	SCS1	0.6000	0.6907	0.9005	0.0696	0.1044	0.8785
	SCS2	0.6478	0.6358				
	SCS3	0.5590	0.7344				
认知维度	SCC1	0.8269	0.9177	0.7684	0.0056	0.0031	
	SCC2	0.8801	0.8751				
	SCC3	0.8549	0.8957				
关系维度	SCR1	0.7994	0.8633	0.9286	0.0616	0.0650	
	SCR2	0.8483	0.8176				
	SCR3	0.7716	0.8870				

首先，从表 6—7 可以看出，结构维度 3 项测量条款的 CITC 值分别为 0.6000、0.6478 和 0.5590，均大于 0.5，结构维度 α 值为 0.7684，大于 0.6，说明量表内部一致性良好；ID α 值分别为 0.6907、0.6358 和 0.7344，均小于 0.7684，说明删除任何一项测量条款不会提高内部一致

性；重复度量方差分析的显著性概率 P_F 值为 0.0056，小于 0.05，说明测量量表的重复度量效果良好；测量条款间平均得分相等性检验的显著性概率 P_H 值为 0.0031，小于 0.05，说明测量量表的测量条款间平均得分的相等性良好，即项目具有内在的相关性。综上所述，内部社会资本结构维度测量条款符合信度要求。

其次，从表 6—7 可以看出，认知维度 3 项测量条款的 CITC 值分别为 0.8269、0.8801 和 0.8549，均大于 0.5，认知维度 α 值为 0.9286，大于 0.6，说明量表内部一致性良好；ID α 值分别为 0.9177、0.8751 和 0.8957，均小于 0.9286，说明删除任何一项测量条款不会提高内部一致性；重复度量方差分析的显著性概率 P_F 值为 0.0616，大于 0.05，但小于 0.10，说明测量量表的重复度效果一般；测量条款间平均得分相等性检验的显著性概率 P_H 值为 0.0650，大于 0.05，但小于 0.10，说明测量量表的测量条款间平均得分的相等性一般，即项目具有较弱的内在的相关性。综上所述，内部社会资本认知维度测量条款符合信度要求。

再次，从表 6—7 可以看出，关系维度 3 项测量条款的 CITC 值分别为 0.7994、0.8483 和 0.7716，均大于 0.5，关系维度 α 值为 0.9005，大于 0.6，说明量表内部一致性良好；ID α 值分别为 0.8633、0.8176 和 0.8870，均小于 0.9005，说明删除任何一项测量条款不会提高内部一致性；重复度量方差分析的显著性概率 P_F 值为 0.0696，大于 0.05，但小于 0.10，说明测量量表的重复度效果一般；测量条款间平均得分相等性检验的显著性概率 P_H 值为 0.1044，大于 0.05，但接近 0.10，说明测量量表的测量条款间平均得分的相等性一般，即项目具有较弱的内在的相关性。综上所述，内部社会资本关系维度测量条款符合信度要求。

总的来看，内部社会资本构念 9 项测量条款整体 α 值为 0.8785，表明内部社会资本量表对变化的解释能力为 87.85%，具有较高的信度，量表内部一致性良好，说明该量表对内部社会资本变量的测量是合理可靠的。

（二）知识螺旋同质性信度分析

表 6—8 显示了对知识螺旋构念的 4 个维度共 15 项测量条款的同质性信度分析结果，具体分析如下。

表 6—8　　　　　　　　知识螺旋测量量表的同质性信度分析

维度	测量条款	CITC	ID α	Cronbach α	P_F	P_H	Total Cronbach α
共同化	KSS1	0.7442	0.8418	0.8786	0.0000	0.0000	
	KSS2	0.7335	0.8460				
	KSS3	0.7613	0.8350				
	KSS4	0.7113	0.8545				
表出化	KSE1	0.6862	0.7550	0.8213	0.0000	0.0000	
	KSE2	0.6619	0.7684				
	KSE3	0.6740	0.7618				0.9401
	KSE4	0.5635	0.8101				
联结化	KSC1	0.8072	0.8352	0.8934	0.0000	0.0000	
	KSC2	0.7538	0.8791				
	KSC3	0.8157	0.8274				
	KSI1	0.7459	0.8552				
内在化	KSI2	0.7633	0.8475	0.8853	0.0381	0.0390	
	KSI3	0.7582	0.8501				
	KSI4	0.7353	0.8580				

　　首先，从表 6—8 可以看出，共同化 4 项测量条款的 CITC 值分别为 0.7442、0.7335、0.7613 和 0.7113，均大于 0.5，共同化 α 值为 0.8786，大于 0.6，说明量表内部一致性良好；ID α 值分别为 0.8418、0.8460、0.8350 和 0.8545，均小于 0.8786，说明删除任何一项测量条款不会提高内部一致性；重复度量方差分析的显著性概率 P_F 值为 0.0000，小于 0.05，说明测量量表的重复度量效果良好；测量条款间平均得分相等性检验的显著性概率 P_H 值为 0.0000，小于 0.05，说明测量量表的测量条款间平均得分的相等性良好，即项目具有内在的相关性。综上所述，知识螺旋共同化测量条款符合信度要求。

　　其次，从表 6—8 可以看出，表出化 4 项测量条款的 CITC 值分别为

0.6862、0.6619、0.6740 和 0.5635，均大于 0.5，表出化 α 值为 0.8213，大于 0.6，说明量表内部一致性良好；ID α 值分别为 0.7550、0.7684、0.7618 和 0.8101，均小于 0.8213，说明删除任何一项测量条款不会提高内部一致性；重复度量方差分析的显著性概率 P_F 值为 0.0000，小于 0.05，说明测量量表的重复度量效果良好；测量条款间平均得分相等性检验的显著性概率 P_H 值为 0.0000，小于 0.05，说明测量量表的测量条款间平均得分的相等性良好，即项目具有内在的相关性。综上所述，知识螺旋表出化测量条款符合信度要求。

再次，从表6—8可以看出，联结化 3 项测量条款的 CITC 值分别为 0.8072、0.7538 和 0.8157，均大于 0.5，联结化 α 值为 0.8934，大于 0.6，说明量表内部一致性良好；ID α 值分别为 0.8352、0.8791 和 0.8274，均小于 0.8934，说明删除任何一项测量条款不会提高内部一致性；重复度量方差分析的显著性概率 P_F 值为 0.0000，小于 0.05，说明测量量表的重复度量效果良好；测量条款间平均得分相等性检验的显著性概率 P_H 值为 0.0000，小于 0.05，说明测量量表的测量条款间平均得分的相等性良好，即项目具有内在的相关性。综上所述，知识螺旋联结化测量条款符合信度要求。

最后，从表6—8可以看出，内在化 4 项测量条款的 CITC 值分别为 0.7459、0.7633、0.7582 和 0.7353，均大于 0.5，内在化 α 值为 0.8853，大于 0.7，说明量表内部一致性良好；ID α 值分别为 0.8552、0.8475、0.8501 和 0.8580，均小于 0.8853，说明删除任何一项测量条款不会提高内部一致性；重复度量方差分析的显著性概率 P_F 值为 0.0381，小于 0.05，说明测量量表的重复度量效果良好；测量条款间平均得分相等性检验的显著性概率 P_H 值为 0.0390，小于 0.05，说明测量量表的测量条款间平均得分的相等性良好，即项目具有内在的相关性。综上所述，知识螺旋内在化测量条款符合信度要求。

总的来看，知识螺旋构念 15 项测量条款整体 α 值为 0.9401，表明知识螺旋量表对变化的解释能力为 94.01%，具有较高的信度，量表内部一致性良好，说明该量表对知识螺旋变量的测量是合理可靠的。

(三) 产品创新同质性信度分析

表6—9 显示了对产品创新构念的 3 个维度共 12 项测量条款的同质性信度分析结果，具体分析如下。

表 6—9　　　　　　　　　　社会资本测量条款的同质性信度分析

维度	测量条款	CITC	ID α	Cronbach α	P_F	P_H	Total Cronbach α
创意产生	IVG1	0.7859	0.9070	0.9222	0.0493	0.0683	0.9122
	IVG2	0.8045	0.9034				
	IVG3	0.7984	0.9046				
	IVG4	0.8290	0.8985				
	IVG5	0.7724	0.9096				
创意转化	IVT1	0.8179	0.9301	0.9381	0.0437	0.0443	
	IVT2	0.8907	0.9068				
	IVT3	0.8513	0.9196				
	IVT4	0.8525	0.9193				
创意扩散	IVD1	0.7963	0.8433	0.8935	0.0435	0.0436	
	IVD2	0.7907	0.8482				
	IVD3	0.7850	0.8532				

首先，从表 6—9 可以看出，创意产生 5 项测量条款的 CITC 值分别为 0.7859、0.8045、0.7984、0.8290 和 0.7724，均大于 0.5，创意产生 α 值为 0.9222，大于 0.6，说明量表内部一致性良好；ID α 值分别为 0.9070、0.9034、0.9046、0.8985 和 0.9096，均小于 0.9222，说明删除任何一项测量条款不会提高内部一致性；重复度量方差分析的显著性概率 P_F 值为 0.0493，小于 0.05，说明测量量表的重复度量效果良好；测量条款间平均得分相等性检验的显著性概率 P_H 值为 0.0683，大于 0.05，但小于 0.10，说明测量量表的测量条款间平均得分的相等性一般，即项目具有较弱的内在的相关性。综上所述，产品创新创意产生测量条款符合信度要求。

其次，从表 6—9 可以看出，创意转化 4 项测量条款的 CITC 值分别为 0.8179、0.8907、0.8513 和 0.8525，均大于 0.5，创意转化 α 值为 0.9381，大于 0.6，说明量表内部一致性良好；ID α 值分别为 0.9301、0.9068、0.9196 和 0.9193，均小于 0.9381，说明删除任何一项测量条款不会提高内部一致性；重复度量方差分析的显著性概率 P_F 值为 0.0437，小于 0.05，说明测量量表的重复度量效果良好；测量条款间平均得分相等性检验的显著性概率 P_H 值为 0.0443，小于 0.05，说明测量量表的测量条款间平均得分的相等性良好，即项目具有内在的相关性。综上所述，产品创新创意转化测量条款符合信度要求。

再次，从表6—9可以看出，创意扩散3项测量条款的CITC值分别为0.7963、0.7907和0.7850，均大于0.5，创意扩散 α 值为0.8935，大于0.6，说明量表内部一致性良好；ID α 值分别为0.8433、0.8482和0.8532，均小于0.8935，说明删除任何一项测量条款不会提高内部一致性；重复度量方差分析的显著性概率 P_F 值为0.0435，小于0.05，说明测量量表的重复度量效果良好；测量条款间平均得分相等性检验的显著性概率 P_H 值为0.0436，小于0.05，说明测量量表的测量条款间平均得分的相等性良好，即项目具有内在的相关性。综上所述，产品创新创意扩散测量条款符合信度要求。

总的来看，产品创新构念12项测量条款整体 α 值为0.9122，表明产品创新量表对变化的解释能力为91.22%，具有较高的信度，量表内部一致性良好，说明该量表对产品创新变量的测量是合理可靠的。

二　内容效度分析

内容效度（content validity）是检查由概念到指标的经验推演是否符合逻辑，是否有效。也可以说，内容效度是指测量本身所包含的概念意义范围或程度，测量的内容是否针对欲测的目的，而且具有代表性。因此，内容效度依赖逻辑的处理而非统计分析，依赖社群对理论定义的认同，以及研究者在选择指标时是否能够涵盖该测验所欲测的内容领域。

本研究所采用的量表包括三个部分，一方面，量表的来源合理。其中内部社会资本度量量表和知识螺旋度量量表取自于国外成熟的度量量表，且这两份量表已经过实践检验，信度和效度都十分理想；产品创新度量量表所采用的是比较新的概念描述，借鉴于著名学者Hansen和Birkinshaw发表于《哈佛商业评论》的文章，虽然其提出的量表还没有得到实践数据的检验，但这篇文章在仅仅三年的时间里的引用率高达113次（Google Scholar统计），可以说得到学术界的普遍认同。本研究把改量表首次引入实践，也是一个大胆的尝试。另一方面，本研究所采用的国外量表均请英语专业和经济学专业研究生和教授帮助校对，这样既可以保证信息最小程度流失，又可以确保语言和文字符合中国文化特点和企业特点，并且经过小样本预测进一步修改。因此，可以认为本研究的测量量表具有较好的内容效度。

三　聚合效度分析

建构效度（construct validity）指测验能测量理论的概念或特质的程度。此类效度旨在以心理学的理论概念来说明并分析测验分数的意义，即从心理学的理论观点，就测验的结果加以诠释和探讨，亦即根据心理学理论上的构想来编制测验的内容或选择试题。建构效度的重点在于理论上的假设和对理论假设的检验。在检验过程中，必须先从某一建构的理论出发，导出各项关于心理功能或行为的基本假设，据此设计和编制测验，然后由因求果，以相关实验和因素分析等方法，查核测验结果是否符合心理学中的理论观点。建构效度（或构念效度）适用于多重指标的测量情况，可分为聚合效度和判别效度两类。

为了检验本研究的量表是否适合进入结构方程模型，本研究首先进行聚合效度分析。当测量同一特质构念的测量指标落在同一个因素构念上，且测量指标所测得的测量值之间具有高度的相关，就认为存在聚合效度（convergent validity），也称为同质效度。聚合效度可由潜变量提取的平均萃取方差（average variance extracted，AVE）来表示，AVE 评价了相对于测量误差潜变量所解释的方差总量。接受测量条款的一个常用标准是测量条款的解释力超过其误差方差（error variance）。Fornell 和 Larcker（1981）认为，为保证潜在变量的测量有足够的收敛效度，AVE 应不低于0.5。同时，测量条款的标准化因子载荷应该超过一定标准，Ford、Mc-Callum 和 Tait（1986）推荐的最低水平为 0.4，并且达到统计显著性水平。

（一）内部社会资本结构维度的聚合效度分析

图 6—1 为内部社会资本结构维度的测量模型。由于自由度为 0（$df = 6 - 6$），模型适配度指标无法计算。

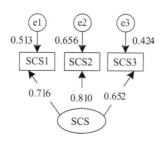

图6—1　内部社会资本结构维度的测量模型

从表 6—10 可以看出，AVE 为 0.531，大于 0.5 的评价标准；同时，SCS1、SCS2 和 SCS3 的标准化因子载荷分别为 0.716、0.810 和 0.652，满足大于 0.4 的评价标准，且达到统计显著性水平。所以，内部社会资本结构维度表现出了较好的聚合效度。

表 6—10　　　　　内部社会资本结构维度的验证性因子分析

维度	条款	标准化因子载荷（SRW）	S. E.	C. R.	P	AVE
结构维度	SCS1	0.716				0.531
	SCS2	0.810	0.173	7.390	***	
	SCS3	0.652	0.154	7.548	***	

适配度指标值：χ^2/df = \ CMINDF；RMSEA = \ RMSEA；GFI = 1.000；AGFI = \ AGFI

注：*** 表示 p < 0.001。

（二）内部社会资本认知维度的聚合效度分析

图 6—2 为内部社会资本认知维度的测量模型。由于自由度为 0（df=6—6），模型适配度指标无法计算。

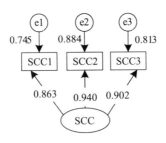

图 6—2　内部社会资本认知维度的测量模型

从表 6—11 可以看出，AVE 为 0.814，大于 0.5 的评价标准；同时，SCC1、SCC2 和 SCC3 的标准化因子载荷分别为 0.863、0.940 和 0.902，大于 0.4 的评价标准，且达到统计显著性水平。所以，内部社会资本认知维度表现出了较好的聚合效度。

表6—11 内部社会资本认知维度的验证性因子分析

维度	条款	标准化因子载荷（SRW）	S. E.	C. R.	P	AVE
认知维度	SCC1	0.863				0.814
	SCC2	0.940	0.061	18.527	***	
	SCC3	0.902	0.061	17.575	***	

适配度指标值：$\chi^2/df = \backslash$ CMINDF；RMSEA $= \backslash$ RMSEA；GFI $= 1.000$；AGFI $= \backslash$ AGFI

注：*** 表示 $p < 0.001$。

（三）内部社会资本关系维度的聚合效度分析

图6—3 为社会资本关系维度的测量模型。由于自由度为0（$df = 6-6$），模型适配度指标无法计算。

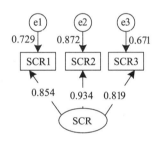

图6—3 内部社会资本关系维度的测量模型

从表6—12 可以看出，AVE 为 0.758，大于 0.5 的评价标准；同时，SCR1、SCR2 和 SCR3 的标准化因子载荷分别为 0.854、0.934 和 0.819，大于 0.4 的评价标准，且达到统计显著性水平。所以，内部社会资本关系维度表现出了较好的聚合效度。

表6—12 内部社会资本关系维度的验证性因子分析

维度	条款	标准化因子载荷（SRW）	S. E.	C. R.	P	AVE
关系维度	SCR1	0.854				0.758
	SCR2	0.934	0.066	16.081	***	
	SCR3	0.819	0.058	14.215	***	

适配度指标值：$\chi^2/df = \backslash$ CMINDF；RMSEA $= \backslash$ RMSEA；GFI $= 1.000$；AGFI $= \backslash$ AGFI

注：*** 表示 $p < 0.001$。

（四）知识螺旋的聚合效度分析

图6—4为知识螺旋的测量模型。

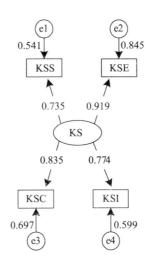

图6—4　知识螺旋的测量模型

从表6—13可以看出，知识螺旋验证性因子分析的适配效果比较理想，其中，$\chi^2/df = 0.791 < 2$；RMSEA $= 0.000 < 0.01$；GFI $= 0.996 > 0.90$；AGFI $= 0.980 > 0.92$，均优于临界值，因此测量模型是有效的。AVE为0.670，大于0.5的评价标准；同时，KSS、KSE、KSC和KSI的标准化因子载荷分别为0.735、0.919、0.835和0.774，大于0.4的评价标准，且达到统计显著性水平。所以，知识螺旋表现出了较好的聚合效度。

表6—13　　　　　　　　　知识螺旋的验证性因子分析

维度	条款	标准化因子载荷（SRW）	S. E.	C. R.	P	AVE
共同化	KSS	0.735				
	KSE	0.919	0.096	12.586	***	0.670
	KSC	0.835	0.101	11.688	***	
	KSI	0.774	0.088	10.803	***	

适配度指标值：$\chi^2/df = 0.791$；RMSEA $= 0.000$；GFI $= 0.996$；AGFI $= 0.980$

注：*** 表示 p < 0.001。

（五）产品创新创意产生的聚合效度分析

图6—5为产品创新创意产生的测量模型。

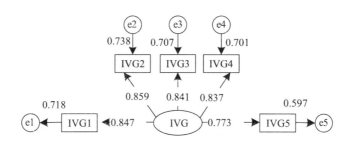

图6—5　产品创新创意产生的测量模型

从表6—14可以看出，产品创新创意产生验证性因子分析的适配效果比较理想，其中，$\chi^2/df = 2.717 < 5$；RMSEA $= 0.093 < 0.10$；GFI $= 0.980 > 0.90$；AGFI $= 0.924 > 0.92$，均优于临界值，因此测量模型是有效的。AVE为0.692，大于0.5的评价标准；同时，IVG1、IVG2、IVG3、IVG4和IVG5的标准化因子载荷分别为0.847、0.859、0.841、0.837和0.773，大于0.4的评价标准，且达到统计显著性水平。所以，产品创新创意产生表现出了较好的聚合效度。

表6—14　　　　　　　　产品创新创意产生的验证性因子分析

维度	条款	标准化因子载荷（SRW）	S. E.	C. R.	P	AVE
创意产生	IVG1	0.847				0.692
	IVG2	0.859	0.066	15.004	***	
	IVG3	0.841	0.070	14.521	***	
	IVG4	0.837	0.067	14.347	***	
	IVG5	0.773	0.070	12.649	***	

适配度指标值：$\chi^2/df = 2.717$；RMSEA $= 0.093$；GFI $= 0.980$；AGFI $= 0.924$

注：*** 表示 $p < 0.001$。

（六）产品创新创意转化的聚合效度分析

图6—6为产品创新创意转化的测量模型。

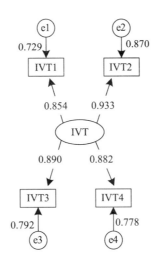

图6—6　产品创新创意转化的测量模型

从表6—15可以看出，产品创新创意转化验证性因子分析的适配效果尚可，其中，$\chi^2/df = 4.604 < 5$ 和 GFI $= 0.978 > 0.90$，均优于临界值；但是，RMSEA $= 0.134 > 0.10$ 和 AGFI $= 0.891 < 0.90$，模型契合度略差。总体上看，可以认为测量模型是有效的。AVE 为 0.793，大于 0.5 的评价标准；同时，IVT1、IVT2、IVT3 和 IVT4 的标准化因子载荷分别为 0.854、0.933、0.890 和 0.882，大于 0.4 的评价标准，且达到统计显著性水平。所以，产品创新创意转化表现出了较好的聚合效度。

表6—15　　　　　　　产品创新创意转化的验证性因子分析

维度	条款	标准化因子载荷（SRW）	S. E.	C. R.	P	AVE
创意转化	IVT1	0.854				0.793
	IVT2	0.933	0.062	18.456	***	
	IVT3	0.890	0.064	16.958	***	
	IVT4	0.882	0.065	16.682	***	

适配度指标值：$\chi^2/df = 4.604$；RMSEA $= 0.134$；GFI $= 0.978$；AGFI $= 0.891$

注：*** 表示 p < 0.001。

（七）产品创新创意扩散的聚合效度分析

图6—7为产品创新创意扩散的测量模型。由于自由度为0（$df = 6 - 6$），

模型适配度指标无法计算。

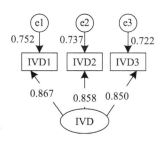

图6—7　产品创新创意扩散的测量模型

从表6—16可以看出，AVE为0.737，大于0.5的评价标准；同时，IVD1、IVD2和IVD3的标准化因子载荷分别为0.867、0.858和0.850，大于0.4的评价标准，且达到统计显著性水平。所以，产品创新创意扩散表现出了较好的聚合效度。

表6—16　　　　　　　　　产品创新创意扩散的验证性因子分析

维度	条款	标准化因子载荷（SRW）	S. E.	C. R.	P	AVE
	IVD1	0.867				
创意扩散	IVD2	0.858	0.068	14.488	***	0.737
	IVD3	0.850	0.066	14.353	***	

适配度指标值：$\chi^2/df = \backslash$ CMINDF；RMSEA $= \backslash$ RMSEA；GFI $= 1.000$；AGFI $= \backslash$ AGFI

注：*** 表示 $p < 0.001$。

四　判别效度分析

判别效度（discriminant validity），也称为异质性效度（divergent validity），与聚合效度相反。此类效度是指当一个构念的多重指标相聚合或呼应时，则这个构念的多重指标也应与其相对立之构念的测量指标有负向相关。对于各维度间是否存在足够的判别效度，通常采用比较各维度间完全标准化相关系数与所涉及各维度AVE的平方根值的方法。如果潜在变量与其测量条款共有方差多于其他潜变量共有方差，则其就具有区分性。也就是说，当模型中任何一个潜变量的AVE平方根都大于其他潜变量的相关系数，则表明各维度间存在足够的判别效度，反之，则判别效度不够。本研究将对内部社会资本、知识螺旋、产品创新及整体模型的各潜在变量进行判别效度分析。

（一）内部社会资本的判别效度分析

内部社会资本的判别效度检验如表6—17所示，该表显示了内部社会资本三个维度间的相关系数，对角线上的值为各维度 AVE 的平方根。可以看出，各维度 AVE 的平方根值均大于其与其他维度的相关系数，说明内部社会资本度量具有很好的判别效度。

表6—17　　　　　　　　内部社会资本的判别效度检验

	SCS	SCC	SCR
SCS	0.729		
SCC	0.505 ***	0.902	
SCR	0.576 ***	0.552 ***	0.871

注：*** 表示 p < 0.001。

（二）知识螺旋的判别效度分析

知识螺旋的判别效度检验如表6—18所示，该表显示了知识螺旋四个维度间的相关系数，对角线上的值为各维度 AVE 的平方根。可以看出，各维度 AVE 的平方根值均大于其与其他维度的相关系数，说明知识螺旋度量具有很好的判别效度。

表6—18　　　　　　　　知识螺旋的判别效度检验

	KSS	KSE	KSC	KSI
KSS	0.803			
KSE	0.718 ***	0.734		
KSC	0.681 ***	0.690 ***	0.860	
KSI	0.633 ***	0.728 ***	0.751 ***	0.812

注：*** 表示 p < 0.001。

（三）产品创新的判别效度分析

产品创新的判别效度检验如表6—19所示，该表显示了产品创新三个维度间的相关系数，对角线上的值为各维度 AVE 的平方根。可以看出，各维度 AVE 的平方根值均大于其与其他维度的相关系数，说明产品创新度量具有很好的判别效度。

表 6—19 产品创新的判别效度检验

	IVG	IVT	IVD
IVG	0.832		
IVT	0.474 ***	0.891	
IVD	0.379 ***	0.579 ***	0.858

注：*** 表示 p < 0.001。

（四）整体模型的判别效度分析

整体模型的判别效度检验如表 6—20 所示，该表显示了整体模型 10 个维度间的相关系数，对角线上的值为各维度 AVE 的平方根。可以看出，各维度 AVE 的平方根值均大于其与其他维度的相关系数，说明整体模型度量具有很好的判别效度。

表 6—20 整体模型的判别效度检验

	SCS	SCC	SCR	KSS	KSE	KSC	KSI	IVG	IVT	IVD
SCS	0.729									
SCC	0.494 ***	0.902								
SCR	0.567 ***	0.553 ***	0.871							
KSS	0.431 ***	0.591 ***	0.504 ***	0.803						
KSE	0.588 ***	0.735 ***	0.606 ***	0.718 ***	0.736					
KSC	0.470 ***	0.686 ***	0.423 ***	0.681 ***	0.689 ***	0.860				
KSI	0.430 ***	0.617 ***	0.467 ***	0.633 ***	0.728 ***	0.750 ***	0.812			
IVG	0.322 ***	0.445 ***	0.459 ***	0.433 ***	0.524 ***	0.442 ***	0.431 ***	0.832		
IVT	0.374 ***	0.567 ***	0.424 ***	0.397 ***	0.594 ***	0.523 ***	0.504 ***	0.474 ***	0.891	
IVD	0.244 **	0.470 ***	0.336 ***	0.342 ***	0.498 ***	0.411 ***	0.472 ***	0.379 ***	0.579 ***	0.858

注：*** 表示 p < 0.001；** 表示 p < 0.01。

第五节　整体结构方程模型及假设检验

通过上文对数据的描述性统计以及信度与效度分析，确定了本书将采用的研究方法和分析过程。通过结构方程建模绘制企业内部社会资本、知识螺旋和产品创新的关系模型，根据数据分布的非正态性，采用 Bootstrap 法对模型进行验证性因子分析和路径分析，并通过系数乘积项检验法讨论知识螺旋在企业内部社会资本与产品创新关系中的中介效应。本部分主要分成三个方面，首先，采用单因素方差分析和独立样本 T 检验验证控制变量对中介变量和因变量的影响；其次，通过 Bootstrap 法检验和验证潜在变量之间的路径；最后，通过 Sobel 检验中介效应。

一　控制变量的影响分析

中介变量和因变量不仅仅受到自变量的影响，还可能受到控制变量的影响。本研究共涉及两组共 8 个控制变量，分别是企业层面的企业区域分布、企业主营业务、企业产权性质、企业规模和个人层面的性别、年龄、受教育程度、在本企业工作年限。方差分析可以检验控制变量对中介变量与因变量的影响，以决定假设检验中是否需要进一步加以考察。

方差分析之前，需要对模型中的潜变量加以赋值。一般情况下，可以采用均值的方法对潜变量加以赋值，本研究沿袭这种通用做法。采用单因素方差分析（One–way ANOVA）进行分析，若方差齐性满足则采用最小显著差法（Least–Significant Difference，LSD）对均值进行两两比较继续分析；若方差齐性不满足则采用 Tamhane 法对均值进行两两比较。

（一）企业层面控制变量的影响分析

企业层控制变量包括企业主营业务、企业产权性质和企业规模三个方面，下面将就这三个控制变量对知识螺旋以及产品创新三个维度的影响一一进行方差分析。

1. 企业主营业务对知识螺旋与产品创新的影响分析

由样本的描述性统计可知，本研究样本涉及 6 个主要产业作为主营业务，因此样本按照企业主营业务分为 6 组，方差分析结果如表 6—21 所示。

表6—21　　　企业主营业务对知识螺旋与产品创新影响的方差分析

	方差分析				方差齐性检验	
	Sum of Squares	df	F	Sig.	Levene Statistic	Sig.
KS	7. 760	5	2. 096	0. 067	1. 536	0. 180
IVG	6. 292	5	1. 268	0. 279	2. 037	0. 075
IVT	1. 768	5	0. 308	0. 908	1. 848	0. 105
IVD	4. 874	5	0. 835	0. 526	4. 397	0. 001

注：p = 0. 05。

由表6—21可知，通过方差分析发现，不同主营业务企业两两均值检验结果都未能达到显著水平，因此，在置信度为95%的情况下，可以认为企业主营业务对知识螺旋、创意产生、创意转化和创意扩散的影响均无显著差异。

2. 企业产权性质对知识螺旋与产品创新的影响分析

由样本的描述性统计可知，本研究样本的产权性质涉及7类，因此样本按照企业产权性质分为7组，方差分析结果如表6—22所示。

表6—22　　　产权性质对知识螺旋与产品创新影响的方差分析

	方差分析				方差齐性检验	
	Sum of Squares	df	F	Sig.	Levene Statistic	Sig.
KS	3. 590	6	0. 781	0. 585	0. 994	0. 431
IVG	4. 121	6	0. 681	0. 665	1. 230	0. 292
IVT	4. 410	6	0. 645	0. 694	1. 162	0. 328
IVD	6. 734	6	0. 964	0. 451	1. 035	0. 404

注：p = 0. 05。

由表6—22可知，通过方差分析发现，不同产权性质企业两两均值检验结果都未能达到显著水平，因此，在置信度为95%的情况下，可以认为产权性质对知识螺旋、创意产生、创意转化和创意扩散的影响均无显著差异。

3. 企业规模对知识螺旋与产品创新的影响分析

由样本的描述性统计可知，本研究将样本企业规模分为11类，因此样本按照企业规模分为 11 组,方差分析结果如表 6—23 所示。

表 6—23　　　　企业规模对知识螺旋与产品创新影响的方差分析

	方差分析				方差齐性检验	
	Sum of Squares	df	F	Sig.	Levene Statistic	Sig.
KS	21.730	10	3.166	0.001	0.581	0.829
IVG	11.542	10	1.165	0.317	1.022	0.427
IVT	15.861	10	1.437	0.167	1.575	0.117
IVD	8.611	10	0.731	0.695	1.129	0.342

注: $p = 0.05$。

　　由表 6—23 可知,通过方差分析发现,不同企业规模在创意产生、创意转化和创意扩散三个维度上两两均值检验结果都未能达到显著水平,因此,在置信度为 95% 的情况下,可以认为企业规模对创意产生、创意转化和创意扩散的影响均无显著差异。但是,不同企业规模对知识螺旋有显著影响,根据其方差齐性检验显著性概率 $p = 0.829 > 0.05$,故采用 LSD 法对均值进行两两比较分析,结果如表 6—24 所示。

表 6—24　　　　　针对企业规模的方差分析多重比较

	分析方法	企业规模（I）	企业规模（J）	均值差异（I—J）	显著性
知识螺旋	LSD	3000 人以上	100 人以下	0.84043 *	0.000
			100—200 人	0.62265 *	0.004
			200—300 人	1.02315 *	0.000
			300—400 人	0.61103 *	0.032
		1000—2000 人	100 人以下	0.46681 *	0.023
			200—300 人	0.64954 *	0.034

注: $p = 0.05$。

　　由表 6—24 可见,企业规模在 3000 人以上的大型企业的知识螺旋情况显著优于 100 人以下、100—200 人、200—300 人和 300—400 人的小型企业,同时,企业规模在 1000—2000 人的大中型企业的知识螺旋情况显著优于 100 人以下和 200—300 人的小型企业,说明企业规模是影响知识螺旋的一项比较重要的因素。这与有关研究的结论相悖（Yli – Renko、Autio 和 Spapienza（2001））。本研究之所以得出如此结论，可能由于样本多集中在大中型企业和小型企业，而中型企业和中小型企业样本相对较少。但是，大中型企业由于其有着完备的知识存储和转化机制，知识螺旋情况可能优于小型企业。

（二）个人层面控制变量的影响分析

个人层控制变量包括性别、年龄、受教育程度和在本企业工作年限四个方面，下面将就这四个控制变量对知识螺旋以及产品创新三个维度的影响一一进行方差分析。

1. 性别对知识螺旋与产品创新的影响分析

按照个体性别不同分为男性和女性两组，应该通过独立样本 T 检验（Independent – Samples T Test）两两比较，分析性别对知识螺旋和产品创新是否存在显著差异，结果如表 6—25 所示。

表 6—25　　　性别对知识螺旋与产品创新影响的独立样本 T 检验

	性别	样本数	均值	方差齐性检验		均值差异检验	
				Levene Statistic	Sig.	t	Sig.
KS	男	122	3.5623	0.057	0.812	– 1.313	0.191
	女	79	3.7274				
IVG	男	122	3.5049	2.197	0.140	– 0.728	0.467
	女	79	3.6101				
IVT	男	122	3.2582	0.725	0.396	– 1.478	0.141
	女	79	3.4842				
IVD	男	122	3.3743	2.354	0.127	– 0.983	0.327
	女	79	3.5274				

注：$p = 0.05$。

由表 6—25 可知，通过独立样本 T 检验发现，性别两两均值检验结果都未能达到显著水平，因此，在置信度为 95% 的情况下，可以认为性别对知识螺旋、创意产生、创意转化和创意扩散的影响均无显著差异。

2. 年龄对知识螺旋与产品创新的影响分析

由样本的描述性统计可知，本研究将样本分为 4 个年龄段，因此样本按照年龄分为 4 组，方差分析结果如表 6—26 所示。

表 6—26　　　　　年龄对知识螺旋与产品创新影响的方差分析

	方差分析				方差齐性检验	
	Sum of Squares	df	F	Sig.	Levene Statistic	Sig.
KS	2.085	3	0.913	0.436	0.134	0.875
IVG	3.358	3	1.123	0.341	0.242	0.785
IVT	4.738	3	1.409	0.241	0.151	0.860
IVD	2.223	3	0.634	0.594	0.110	0.896

注：p = 0.05。

由表 6—26 可知，通过方差分析发现，年龄两两均值检验结果都未能达到显著水平，因此，在置信度为 95% 的情况下，可以认为年龄对知识螺旋、创意产生、创意转化和创意扩散的影响均无显著差异。

3. 受教育程度对知识螺旋与产品创新的影响分析

由样本的描述性统计可知，本研究将样本的受教育程度分为 4 类，因此样本按照受教育程度分为 4 组，方差分析结果如表 6—27 所示。

表 6—27　　　　受教育程度对知识螺旋与产品创新影响的方差分析

	方差分析				方差齐性检验	
	Sum of Squares	df	F	Sig.	Levene Statistic	Sig.
KS	1.145	3	0.498	0.684	0.339	0.797
IVG	4.389	3	1.475	0.223	1.229	0.300
IVT	6.235	3	1.866	0.137	0.069	0.976
IVD	13.605	3	4.081	0.008	2.271	0.082

注：p = 0.05。

由表 6—27 可知，通过方差分析发现，在知识螺旋、创意产生和创意转化三个维度，受教育程度两两均值检验结果都未能达到显著水平，因此，在置信度为 95% 的情况下，可以认为受教育程度对知识螺旋、创意产生和创意转化的影响均无显著差异；在创意扩散维度，受教育程度均值检验结果达到显著水平，可以认为在置信度为 95% 的情况下，受教育程度对创意扩散有显著影响。根据其方差齐性检验显著性概率 p = 0.082 > 0.05，故采用 LSD 法对均值进行两两比较分析，结果如表6—28所示。

表6—28 针对受教育程度的方差分析多重比较

	分析方法	受教育程度（I）	受教育程度（J）	均值差异（I—J）	显著性
创意扩散	LSD	本科	硕士研究生 博士研究生	0.52286 * 0.66638 *	0.002 0.040

注：p = 0.05。

由表6—28可知，受教育程度为本科的员工其创意扩散能力显著优于受教育程度为硕士研究生和博士研究生的员工，这一方面说明受教育程度高并不能带来高的创意扩散能力；另一方面也反映了我国当前学术型研究生培养模式（包括硕士研究生和博士研究生）过于理论化而缺少实践，存在脱离社会要求和企业实践的弊端，不能适应社会的发展和需求，这已经引起教育部的高度重视，作出硕士研究生应主要面向应用的决定，推出了"全日制专业型硕士"作为一种全新的研究生培养模式。

4. 在本企业工作年限对知识螺旋与产品创新的影响分析

由样本的描述性统计可知，本研究将样本在本企业工作年限分为6类，因此样本按照在本企业工作年限分为6组，方差分析结果如表6—29所示。

表6—29 在本企业工作年限对知识螺旋与产品创新影响的方差分析

	方差分析				方差齐性检验	
	Sum of Squares	df	F	Sig.	Levene Statistic	Sig.
KS	2.128	5	0.553	0.736	0.143	0.982
IVG	1.287	5	0.253	0.938	1.364	0.239
IVT	2.773	5	0.485	0.787	0.734	0.599
IVD	1.034	5	0.174	0.972	1.372	0.237

注：p = 0.05。

由表6—29可知，通过方差分析发现，在本企业工作年限两两均值检验结果都未能达到显著水平，因此，在置信度为 95% 的情况下，可以认为在本企业工作年限对知识螺旋、创意产生、创意转化和创意扩散的影响均无显著差异。

二　内部社会资本、知识螺旋与产品创新的路径关系检验

通过前文的数据描述及信度与效度分析，可以认为本研究的量表及数据质量良好，可以进行下一步分析，对本研究第四章提出的研究假设逐一分析。

（一）整体模型的适配分析

知识螺旋在内部社会资本与产品创新关系中的中介作用结构方程模型如图 6—8 所示。设置 2000 个 Bootstrap 样本进行 Bollen - Stine Bootstrap 运算，迭代 29 次达到收敛。结果表明，模型在 1813 个 Bootstrap 样本中适配较好，在 187 个 Bootstrap 样本中未能适配或适配较差，Bollen - Stine boot-strap 的显著性概率为 0.094，表明图 6—8 所示的原假设模型可以接受。也就是说，尽管数据不满足联合正态分布，但数据对模型的适配是可以接受的。图中实线箭头为关系显著的路径，虚线箭头为关系不显著的路径，线上的系数为标准化的路径回归系数。

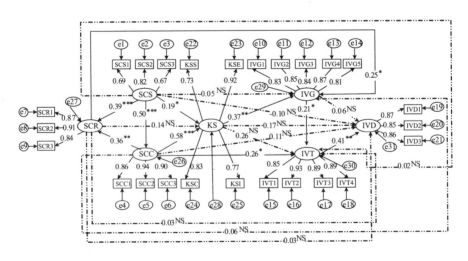

图 6—8　企业内部社会资本、知识螺旋和产品创新的结构关系

注：显著概率均为 Bootstrap 法结果，其中，*** 表示 p = 0.001；** 表示 p = 0.01；* 表示 p = 0.05。

模型的具体展示如表6—30所示。模型适配方面，$\chi^2/\mathrm{d}f = 1.487 < 2$，符合严格标准；RMSEA = 0.049 小于 0.05，达到良好适配；GFI = 0.872 < 0.90，AGFI = 0.837 < 0.90，临近适配标准。总体上看，模型适配尚可。

表6—30　　　　内部社会资本、知识螺旋和产品创新的路径分析

路径	标准化路径系数	显著性概率	路径显著性
SCS→SCC	0.49 ***	0.001	显著
SCS→SCR	0.39 ***	0.001	显著
SCC→SCR	0.36 **	0.002	显著
SCS→IVG	−0.05	0.658	不显著
SCS→IVT	0.02	0.794	不显著
SCS→IVD	−0.10	0.454	不显著
SCC→IVG	0.06	0.644	不显著
SCC→IVT	0.26 *	0.037	显著
SCC→IVD	0.11	0.390	不显著
SCR→IVG	0.25 *	0.033	显著
SCR→IVT	0.03	0.773	不显著
SCR→IVD	0.03	0.891	不显著
SCS→KS	0.19 *	0.043	显著
SCC→KS	0.58 ***	0.001	显著
SCR→KS	0.14	0.093	不显著
KS→IVG	0.37 **	0.005	显著
KS→IVT	0.26	0.137	不显著
KS→IVD	0.18	0.283	不显著
IVG→IVT	0.21 *	0.029	显著
IVG→IVD	0.07	0.513	不显著
IVT→IVD	0.40 **	0.002	显著

适配度指标值：$\chi^2/\mathrm{d}f = 1.487$；RMSEA = 0.049；GFI = 0.872；AGFI = 0.837

注：显著概率均为 Bootstrap 法结果，其中，*** 表示 p = 0.001；** 表示 p = 0.01；* 表示 p = 0.05。

由图 6—8 所示模型及表 6—30 所示的路径分析可以看出，存在 11 条不显著的回归路径，分别是结构维度→创意产生（$\beta = -0.05$，$p = 0.658$）、结构维度→创意转化（$\beta = 0.02$，$p = 0.794$）、结构维度→创意扩散（$\beta = -0.10$，$p = 0.454$）、认知维度→创意产生（$\beta = 0.06$，$p = 0.644$）、认知维度→创意扩散（$\beta = 0.11$，$p = 0.390$）、关系维度→创意转化（$\beta = 0.03$，$p = 0.773$）、关系维度→创意扩散（$\beta = 0.03$，$p = 0.891$）、关系维度→知识螺旋（$\beta = 0.14$，$p = 0.093$）、知识螺旋→创意转化（$\beta = 0.26$，$p = 0.137$）、知识螺旋→创意扩散（$\beta = 0.18$，$p = 0.283$）、创意产生→创意扩散（$\beta = 0.07$，$p = 0.513$）。鉴于本研究主要研究知识螺旋在内部社会资本与产品创新关系中的中介作用，出于模型简约型的考虑，将内部社会资本与产品创新关系中不显著的路径删除，即删除结构维度→创意产生、结构维度→创意转化、结构维度→创意扩散、认知维度→创意产生、认知维度→创意扩散、关系维度→创意转化、关系维度→创意扩散这 7 条路径，同时认为，假设 H4、H5、H6、H7、H9、H11 和 H12 没有得到证明。

保留其余 4 条不显著路径，以备用于后续中介效应的检验。经过模型简化，得到修正的企业内部社会资本、知识螺旋和产品创新的结构关系模型，如图 6—9 所示。设置 2000 个 Bootstrap 样本进行 Bollen - Stine Boot-strap 运算，迭代 17 次达到收敛。结果表明，模型在 1764 个 Bootstrap 样本中适配较好，在 236 个 Bootstrap 样本中未能适配或适配较差，Bollen - Stine bootstrap 的显著性概率为 0.118，表明图 6—9 所示的原假设模型可以接受。也就是说，尽管数据不满足联合正态分布，但数据对模型的适配是可以接受的。图中实线箭头为关系显著的路径，虚线箭头为关系不显著的路径，线上的系数为标准化的路径回归系数。

模型的具体展示如表 6—31 所示。模型适配方面，$\chi^2/df = 1.458 < 2$，符合严格标准；RMSEA $= 0.048$ 小于 0.05，达到良好适配；GFI $= 0.871 < 0.90$，AGFI $= 0.839 < 0.90$，临近适配标准。总体上看，模型适配良好。以下的分析将以修正的模型为分析依据。

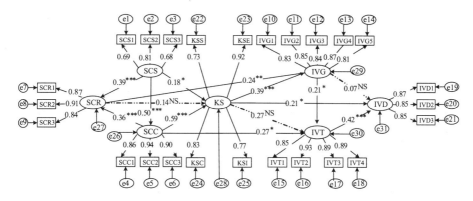

图6—9 修正的企业内部社会资本、知识螺旋和产品创新的结构关系

注：显著概率均为 Bootstrap 法结果，其中，*** 表示 p = 0.001；** 表示 p = 0.01；* 表示p = 0.05。

表6—31 修正的内部社会资本、知识螺旋和产品创新的路径分析

路径	标准化路径系数	显著性概率	路径显著性
SCS→SCC	0.50 ***	0.001	显著
SCS→SCR	0.39 ***	0.001	显著
SCC→SCR	0.36 ***	0.001	显著
SCC→IVT	0.27 *	0.024	显著
SCR→IVG	0.24 **	0.008	显著
SCS→KS	0.18 *	0.040	显著
SCC→KS	0.59 ***	0.001	显著
SCR→KS	0.14	0.084	不显著
KS→IVG	0.39 ***	0.001	显著
KS→IVT	0.27	0.074	不显著
KS→IVD	0.21 *	0.047	显著
IVG→IVT	0.21 *	0.017	显著
IVG→IVD	0.07	0.470	不显著
IVT→IVD	0.42 ***	0.001	显著

注：显著概率均为 Bootstrap 法结果，其中，*** 表示 p = 0.001；** 表示 p = 0.01；* 表示p = 0.05。

（二）内部社会资本、知识螺旋与产品创新彼此关系分析

第一，内部社会资本三个维度间关系显著。其中结构维度对认知维度的影响系数为 0.50，显著性概率 p = 0.001，影响显著；结构维度对关系维度的影响系数为 0.39，显著性概率 p = 0.001，影响显著；认知维度对关系维度的影响系数为 0.36，显著性概率 p = 0.001，影响显著。因此，假设 H1、假设 H2 和假设 H3 得证。

第二，内部社会资本认知维度对产品创新创意转化影响显著。其影响系数为 0.27，显著性概率 p = 0.024 < 0.05，影响显著。因此，假设 H8 得证。

第三，内部社会资本关系维度对产品创新创意产生影响显著。其影响系数为 0.24，显著性概率 p = 0.008 < 0.01，影响显著。因此，假设 H10 得证。

第四，内部社会资本对知识螺旋的影响各不相同。其中，结构维度对知识螺旋的影响系数为 0.18，显著性概率 p = 0.040 < 0.05，影响显著；认知维度对知识螺旋的影响系数为 0.59，显著性概率 p = 0.001，影响显著；关系维度对知识螺旋的影响系数为 0.14，显著性概率 p = 0.084 > 0.05，影响不显著。因此，假设 H13 和假设 H14 得证，假设 H15 没有得到证明。

第五，知识螺旋对产品创新三个维度的影响各不相同。其中，知识螺旋对创意产生的影响系数为 0.39，显著性概率 p = 0.001，影响显著；知识螺旋对创意转化的影响系数为 0.27，显著性概率 p = 0.074 > 0.05，影响不显著；知识螺旋对创意扩散的影响系数为 0.21，显著性概率 p = 0.047 < 0.05，影响显著。因此，假设 H16 和假设 H18 得证，假设 H17 没有得到证明。

第六，产品创新三个维度间关系显著性各不相同。其中，创意产生对创意转化的影响系数为 0.21，显著性概率 p = 0.017 < 0.05，影响显著；创意产生对创意扩散的影响系数为 0.07，显著性概率 p = 0.470 > 0.05，影响不显著；创意转化对创意扩散的影响系数为 0.42，显著性概率 p = 0.001，影响显著。因此，假设 H19 和假设 H21 得证，假设 H20 没有得到证明。

（三）知识螺旋的中介效应分析

1. 中介效应的检验方法

考虑自变量 X 对因变量 Y 的影响，如果 X 是通过影响变量 M 来影响

Y，则可以称 M 为中介变量（mediator）。中介通常是用来解释自变量与因变量关系的构成机制，反映了研究者如何说明或看待自变量与因变量之间的关系。关于中介效应可以由图 6—10 直观表现。

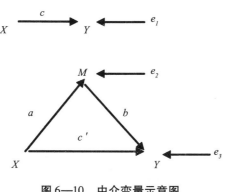

图 6—10　中介变量示意图

其中，$Y = cX + e_1$；

$M = aX + e_2$；

$Y = c'X + bM + e_3$。

依照路径分析中效应分解的术语，中介效应从属于间接效应（indirect effect）。c 是 X 对 Y 的总效应，而 ab 是经由中介变量 M 的中介效应，c' 是直接效应，中介效应的大小用 ab 表征。

关于中介效应的研究已经有很长的历史。自 MacCorquodale 和 Meehl（1948）以及 Hyman（1955）对中介效应展开初始研究之后，大量关于中介效应的研究出现在心理学和管理学等许多学科中，取得了大量的研究成果。传统意义上，中介效应检验有三种方法，即依次检验法（causual steps）、系数乘积项检验法（products of coefficients）和差异检验法（difference in coefficients）。

Baron 和 Kenny（1986）以及 Judd 和 Kenny（1981）给出了一个检验中介效应的四步骤依次检验法，因其统计上与一般统计分析假设类似，成为最为常用的中介效应检验方法。依次检验法分为四个步骤：首先，分析因变量 Y 对自变量 X 的回归（检验路径 c），这是中介效应存在的前提；其次，分析中介变量 M 对自变量 X 和相关（检验路径 a）；再次，分析因变量 Y 对中介变量 M 的回归（检验路径 b）；最后，建立以

M 为完全中介的自变量 X 与因变量 Y 关系模型。依次检验法比较容易在统计软件中直接实现，但其对较弱的中介效应检验效果并不理想。如 a 不显著而 b 显著时，依次检验法会判定中介效应不显著，而事实上 ab 的乘积不等于 0，证明中介效应是存在的。所以，依次检验法容易犯第二类错误。

为了避免依次检验法统计功效过低的困境，MacKinnon 等人（2002）提出了系数乘积项检验法来检验中介效应。MacKinnon 等人（2002）在总结 14 种检验中介作用的方法的基础上，认为 Baron 和 Kenny 的检验方法统计功效很低，并建议直接检验 X 与 M 之间的关系（检验路径 a）和 M 与 Y 之间的关系（检验路径 b），若 $ab \neq 0$，则 $a \neq 0$ 且 $b \neq 0$，说明 M 是 X 和 Y 的中介变量。系数乘积项检验法的检验统计量为 $z = ab \sqrt{a^2 s_a^2 + b^2 s_a^2}$，$s_a$ 和 s_b 分别为 a 和 b 的标准误，该检验方法也称为 sobel 检验。系数乘积项检验法主要解决了数据不能满足正态分布条件下中介效应的检验。由于 sobel 检验的临界概率的 z 值较为宽松，容易得到中介效应显著的结果，因此系数乘积项检验法容易犯第一类错误。

差异检验法被使用的情况较少，基本上比较认可的计算公式为 Clogg、Petkova 和 Shihadeh（1992）以及 Freedman 和 Schatzkin（1992）提出的两个公式，分别为 $t_{n-3} = c - c'/r_{xm} S_c'$ 和 $t_{n-2} = c - c'/\sqrt{S_c^2 + S_c'^2 - 2S_c S_c' \sqrt{1 - r_{xm}^2}}$，式中 n 表示自由度，r_{xm} 为 X 与 M 的相关系数，S_c 为 X 对 Y 直接效应估计值标准误，S_c' 为 X 对 Y 间接效应估计值标准误。差异检验法在 a 和 b 同时为 0 时有较好的检验效果，但是当 $a = 0$ 且 $b \neq 0$ 时犯第一类错误的概率非常高，尤其是 Clogg、Petkova 和 Shihadeh（1992）的公式第一类错误率高达 100%，这也限制了差异检验法的应用。

关于 c 的显著性问题，Shrout 和 Bolger（2002）认为，自变量 X 与因变量 Y 之间的关系是否显著并非为检验 M 的中介效应的必要条件，当 X 与 Y 的相关比较弱甚至相关不显著时，可能存在遮掩效应（suppression）或远端关系（distal），这两种关系也是广义中介效应的特例。

2. 中介效应检验

鉴于数据的非正态性，本研究采用系数乘积项检验法的 Sobel 检验来验证中介效应，同时，放宽显著性条件限制，即依据 Shrout 和 Bolger（2002）不限定 c 的显著性，同时参照温忠麟等（2004）的检验程序，只

要 a 和 b 不同时为 0 即可，这样可以检验更加广义的中介效应。

首先，自变量 X 与因变量 Y 之间的关系 c 是否显著并非为检验 M 的中介效应的必要条件，但仍有必要讨论 c 的显著性问题，因为这里涉及严格中介变量和广义中介变量的区分。利用 BC（bias-corrected）偏差矫正法可以估计总体效应的双尾检验的显著性，结果如表 6—32 所示。由表 6—32 可知，结构维度对创意产生、创意转化和创意扩散影响的显著性概率 p 均等于 0.001，影响显著；认知维度对创意产生、创意转化和创意扩散影响的显著性概率 p 均等于 0.001，影响显著；关系维度对创意产生影响的显著性概率 p = 0.008 < 0.01，影响显著；关系维度对创意转化影响的显著性概率 p = 0.004 < 0.01，影响显著；关系维度对创意扩散影响的显著性概率 p = 0.019 < 0.05，影响显著。可见，自变量 X 与因变量 Y 之间的关系 c 均达到显著性水平，可以认为知识螺旋可能起到严格中介效应。

表 6—32　　　　　　　　　总体效应 c 的 BC 双尾检验

	SCS	SCC	SCR
IVG	0.001	0.001	0.008
IVT	0.001	0.001	0.004
IVD	0.001	0.001	0.019

注：显著概率均为 Bootstrap 法结果。

其次，检验自变量对中介变量、中介变量对因变量、自变量对因变量的直接影响显著与否。利用 BC 偏差矫正法估计直接效应的双尾检验的显著性，结果如表 6—33 所示。由表 6—33 可知，自变量内部社会资本三个维度对中介变量知识螺旋的直接影响显著性各不相同，其中，结构维度对知识螺旋影响的显著性概率 p = 0.040 < 0.05，影响显著；认知维度对知识螺旋影响的显著性概率 p = 0.001，影响显著；关系维度对知识螺旋影响的显著性概率 p = 0.084 > 0.05，影响不显著。由表 6—33可以看出，中介变量知识螺旋对因变量产品创新三个维度的直接影响各不相同，其中，知识螺旋对创意产生影响的显著性概率 p = 0.001，影响显著；知识螺旋对创意转化影响的显著性概率 p = 0.074 > 0.05，影响不显著；知识螺旋对创意扩散影响的显著性概率 p

＝0.047＜0.05，影响显著。同时，由表6—33也可以看出自变量社会资本对因变量产品创新直接影响的显著性问题。其中，结构维度对创意产生、创意转化和创意扩散影响不显著，认知维度对创意产生和创意扩散影响不显著，关系维度对创意转化和创意扩散影响不显著，这已经在初始模型中得到验证，修正模型并没有继续检验；认知维度对创意转化影响的显著性概率 p＝0.024＜0.05，影响显著；关系维度对创意产生影响的显著性概率 p＝0.008＜0.01，影响显著。参照温忠麟等（2004）的观点，由于自变量内部社会资本关系维度对中介变量知识螺旋的直接影响不显著，同时中介变量知识螺旋对因变量产品创新的创意转化影响同样不显著，即 a 和 b 同时为 0，所以可以认为知识螺旋在内部社会资本关系维度与产品创新创意转化关系中的中介效应不显著，该组中介效应检验终止。因此，假设 H29 没有得到证明。

表6—33　　　　　　　直接效应 a、b 和 c' 的 BC 双尾检验

	SCS	SCC	SCR	KS
KS	0.040	0.001	0.084	／
IVG	—	—	0.008	0.001
IVT	—	0.024	—	0.074
IVD	—	—	—	0.047

注：显著概率均为 Bootstrap 法结果。

最后，将对现有可能存在中介效应的关系进行 Sobel 检验。表6—34给出了内部社会资本三维度对知识螺旋以及知识螺旋对产品创新三维度影响的标准化估计值和估计值标准误。

表6—34　　　内部社会资本、知识螺旋和产品创新间关系的
标准化估计值和估计值标准误

路径	标准化估计值	估计值标准误
SCS→KS	0.185	0.083
SCC→KS	0.588	0.066

续表

路径	标准化估计值	估计值标准误
SCR→KS	0.139	0.077
KS→IVG	0.387	0.097
KS→IVT	0.276	0.154
KS→IVD	0.215	0.110

注：显著概率均为 Bootstrap 法结果。

运用 Sobel 检验公式计算结果用表 6—35 给出。查找 MacKinnon 表，当样本数 N = 200 时，p = 0.06 的 Sobel 双尾检验临界值为 0.87，p = 0.04 的 Sobel 双尾检验临界值为 0.97。

表 6—35　　　　　　　　知识螺旋中介效应的 Sobel 检验

路径	Sobel 检验值 z（p = 0.05）	显著性
SCS→KS→IVG	1.946	显著
SCS→KS→IVT	1.396	显著
SCS→KS→IVD	1.470	显著
SCC→KS→IVG	2.642	显著
SCC→KS→IVT	1.757	显著
SCC→KS→IVD	1.909	显著
SCR→KS→IVG	1.644	显著
SCR→KS→IVD	1.326	显著

注：显著概率均为 Bootstrap 法结果。

3. 中介效应结果分析

首先，知识螺旋在内部社会资本结构维度与产品创新创意产生、创意转化和创意扩散关系中中介效应显著。其中，知识螺旋在结构维度与创意产生关系中的 Sobel 检验值 z（p = 0.05）为 1.946 > 0.97，中介效应显著，且 c' 的显著性概率 p > 0.05，该中介效应为完全中介效应；知识螺旋在结构维度与创意转化关系中的 Sobel 检验值 z（p = 0.05）为 1.396 > 0.97，中介效应显著，且 c' 的显著性概率 p > 0.05，该中介效应为完全中介效应；知识螺旋在结构维度与创意扩散关系中的 Sobel 检验值 z（p = 0.05）为 1.470 > 0.97，中介效应显著，且 c' 的显著性概率 p > 0.05，该中介效应为完全中介效应。因此，假设 H22、假设 H23 和假设 H24 得证。

其次，知识螺旋在内部社会资本认知维度与产品创新创意产生、创意转化和创意扩散关系中中介效应显著。其中，知识螺旋在认知维度与创意产生关系中的 Sobel 检验值 z（p = 0.05）为 2.642 > 0.97，中介效应显著，且 c' 的显著性概率 p > 0.05，该中介效应为完全中介效应；知识螺旋在认知维度与创意转化关系中的 Sobel 检验值 z（p = 0.05）为 1.757 > 0.97，中介效应显著，且 c' 的显著性概率 p = 0.024 < 0.05，该中介效应为不完全中介效应；知识螺旋在认知维度与创意扩散关系中的 Sobel 检验值 z（p = 0.05）为 1.909 > 0.97，中介效应显著，且 c' 的显著性概率 p > 0.05，该中介效应为完全中介效应。因此，假设 H25 和假设 H27 得证，假设 H26 部分得证。

最后，知识螺旋在内部社会资本关系维度与产品创新创意产生和创意扩散关系中中介效应显著。其中，知识螺旋在关系维度与创意产生关系中的 Sobel 检验值 z（p = 0.05）为 1.644 > 0.97，且 c' 的显著性概率 p = 0.008 < 0.01，该中介效应为不完全中介效应；知识螺旋在关系维度与创意扩散关系中的 Sobel 检验值 z（p = 0.05）为 1.326 > 0.97，且 c' 的显著性概率 p > 0.05，该中介效应为完全中介效应。因此，假设 H28 部分得证，假设 H30 得证。

第六节 结果讨论

一 假设检验汇总

综合以上分析，总结出内部社会资本、知识螺旋与产品创新关系模型假设检验汇总情况如表6—36所示。

表6—36　内部社会资本、知识螺旋与产品创新关系模型假设检验

假设	路径	标准化路径系数	显著性概率	Sobel 检验值	支持与否
H1	SCS→SCC	0.50 ***	0.001	—	支持
H2	SCS→SCR	0.39 ***	0.001	—	支持
H3	SCC→SCR	0.36 ***	0.001	—	支持
H4	SCS→IVG	− 0.05	0.658	—	不支持
H5	SCS→IVT	0.02	0.794	—	不支持

续表

假设	路径	标准化路径系数	显著性概率	Sobel 检验值	支持与否
H6	SCS→IVD	−0.10	0.454	—	不支持
H7	SCC→IVG	0.06	0.644	—	不支持
H8	SCC→IVT	0.27*	0.024	—	支持
H9	SCC→IVD	0.11	0.390	—	不支持
H10	SCR→IVG	0.24**	0.008	—	支持
H11	SCR→IVT	0.03	0.773	—	不支持
H12	SCR→IVD	0.03	0.891	—	不支持
H13	SCS→KS	0.18*	0.040	—	支持
H14	SCC→KS	0.59***	0.001	—	支持
H15	SCR→KS	0.14	0.084	—	不支持
H16	KS→IVG	0.39***	0.001	—	支持
H17	KS→IVT	0.27	0.074	—	不支持
H18	KS→IVD	0.21*	0.047	—	支持
H19	IVG→IVT	0.21*	0.017	—	支持
H20	IVG→IVD	0.07	0.470	—	不支持
H21	IVT→IVD	0.42***	0.001	—	支持
H22	SCS→KS→IVG	—	0.05	1.946*	支持
H23	SCS→KS→IVT	—	0.05	1.396*	支持
H24	SCS→KS→IVD	—	0.05	1.470*	支持
H25	SCC→KS→IVG	—	0.05	2.642*	支持
H26	SCC→KS→IVT	—	0.05	1.757*	部分支持
H27	SCC→KS→IVD	—	0.05	1.909*	支持
H28	SCR→KS→IVG	—	0.05	1.644*	部分支持
H29	SCR→KS→IVT	—	—	—	不支持
H30	SCR→KS→IVD	—	—	1.326*	支持

注：显著概率均为 Bootstrap 法结果，其中，*** 表示 p = 0.001；** 表示 p = 0.01；* 表示 p = 0.05。

二　内部社会资本三个维度的关系

假设 H1、H2 和 H3 的检验结果证明，企业内部社会资本的结构维度、认知维度和关系维度三者之间关系显著。也就是说，企业内部个体间的互动和交往对彼此间信任以及共同价值观的达成具有显著的正向影响，同时，企业内部个体间拥有的共同价值观和共同愿景对彼此间的信任达成也具有显著的正向影响。这一点与 Tsai 和 Ghoshal（1998）的研究结论并不完全相同。Tsai 和 Ghoshal（1998）基于某单一大型企业多员工的实证研究认为，企业内部社会资本的结构维度和认知维度对关系维度的正向影响均十分显著，这与本研究得出的结论相一致，但 Tsai 和 Ghoshal（1998）研究同样认为，企业内部社会资本结构维度对认知维度影响并不显著，这与本研究的研究结论相悖。之所以得出这样的不同结论，原因可能在于研究对象选取的差异。Tsai 和 Ghoshal（1998）的研究对象固定为一个大型跨国公司，具体数据采集为该跨国公司的不同子公司或部门的员工。共同价值观和共同愿景的形成原因有很多，个体的成长环境、文化背景等都是十分重要的因素。跨国公司员工来自不同的国家或地区，正如Hofstede 所认为的那样，不同国家具有不同的文化特征，包括权利距离、个人主义与集体主义、不确定性的规避、男性气质和长期取向，而这些文化背景会影响员工个体价值观的形成。同时，个体从小生活成长的环境各不相同，所面对的文化背景也存在差异甚至矛盾，而价值观又具有相对稳定性，所以单单通过员工之间彼此的互动与交流并不能轻易改变个体的价值观。本研究的样本选取为中国企业，调查对象均是中国人，所以其文化背景基本相同，在这样的情境下，企业内部个体间的互动对共同价值观与共同愿景的形成的影响得以明显体现。

三　内部社会资本与产品创新的关系

本研究讨论并实证研究了企业内部社会资本三维度与产品创新三维度的关系，结论表明，内部社会资本三维度对产品创新三维度大多没有显著的影响。

（一）结构维度与产品创新的关系

假设 H4、H5 和 H6 的检验结果表明，企业内部社会资本的结构维度对产品创新的创意产生、创意转化和创意扩散没有显著的直接影响。也就是说，企业内部个体间的互动并不会直接导致产品创新创意的生发、创意的筛选与开发和创意的市场绩效显著改善。这一点与 Larson（1992）的研究结论不同，但与 Hansen（1999）及蒋春燕和赵曙明（2006）的研究结论相类似。由于企业内部社会资本的结构维度"仅仅"是组织内部个体之间的一种非正式的互动与交流，其本身并不能对产品创新的创意产生、创意转化和创意扩散产生直接影响，其作用的产生必须依托于企业某种资源或能力。

（二）认知维度与产品创新的关系

假设 H7、H8 和 H9 的检验结果表明，企业内部社会资本的认知维度对产品创新的创意产生和创意扩散没有显著的直接影响，而对创意转化存在显著的直接影响。认知维度对创意转化存在显著的直接影响，这一点与 Hotz – Hart（2000）的结论类似，可能的原因在于，共同的价值观、愿景与目标可以促进组织内个体集体行动的产生，一致的目标和愿景有利于个体对创意形成一致的观点，从而促进创意筛选的完成，并且，一致的目标与愿景有助于个体在创意开发过程中"同心协力"，减少摩擦。一致的价值观、愿景与目标对创意的产生和扩散并没有显著影响，与 Denison 和 Neale（1996）相悖，这说明，共同的价值观与目标并不能催生新的创意，也不能导致高的市场绩效。共同的价值观、愿景和目标只能对员工产生聚合效果，创意的产生需要一种发散性的思维，并且需要激烈的讨论。正如 Guilford（1967）所指出，人的创造力主要依靠发散思维，发散思维是创造思维的主要部分。创新绩效的达成，则是创意、研发和市场共同作用的结果，而不仅仅是"同心协力"就能做到的。正如 Arrow（1962）所指出，不确定性是创新的核心特征，主要表现为技术不确定性、市场不确定性、收益分配不确定性等。Adelman 和 Thorbecke（1966）也指出，创新绩效是一个高度多面的、路径依赖的、动态且非线性的过程。因此，创新绩效决定于各种因素作用的结果，特别是资源、技术与市场的交互作用。

（三）关系维度与产品创新的关系

假设 H10、H11 和 H12 的检验结果表明，企业内部社会资本的关系维度对产品创新的创意产生存在显著的直接影响，而对创意转化和创意扩散没有显著影响。这与 Yperen、Nico 和 Janssen（2002）和夏若江（2005）的研究结论相悖，但与 Uzzi（1997）的研究结论十分接近，即信任对于创新的影响是间接地通过某种机制起作用。创意产生方面，组织内个体间的信任关系可以使得彼此间及时有效的沟通，提高知识整合的能力，进而促进新创意的产生，同时，彼此间互动虽然对创意产生没有直接影响，但是可以通过信任间接影响创意产生，信任在结构维度与创意产生关系中存在完全中介效应；创意转化方面，信任可以提高个体对彼此创意的认同，这可以促进创意筛选的快速达成并降低创意开发中的误解，但是，信任也有可能导致快速筛选出来的创意并没有经过缜密考证，开发过程中的信任在降低或消除误解的同时，也有可能导致"晕轮效应"、责任分散效应或路径依赖，导致由过度信任而对突发困难出现降低警惕；创意扩散方面，本研究的结论与 Landry、Amara 和 Lamari（2002）的研究结论一致，即信任对创新绩效的影响并不显著。正如前文所言，创新绩效的达成过程是十分复杂的，信任并不能直接导致创新绩效的提高，其作用的产生也必须依托于企业某种资源或能力。

四 内部社会资本与知识螺旋的关系

假设 H13、H14 和 H15 的检验结果表明，企业内部社会资本三维度对知识螺旋的影响各不相同，即结构维度和认知维度对知识螺旋具有显著的积极影响，而关系维度对知识螺旋的影响并不显著。结构维度方面，本研究的研究结论与已有大部分研究的结论类似，即强联系可以增加企业内部知识的交换、共享与创造；认知维度方面，本研究的研究结论也与已有大部分研究的结论类似，即共同的价值观、愿景和目标有利于知识的交换、共享与创造；关系维度方面，本研究的研究结论与已有大部分研究的结论相悖，即信任并不能够促进企业内部知识的交换、共享和创造。这是一个有意思的发现，本研究认为可能的原因在于，强信任可能导致"路径依赖"和"搭便车"行为，即个体相信同事的知识已经足以应对和解决各种问题，自己没有知识创造的动力，惰于提升自己知识的质量，导致知识螺旋质量下降甚至无法顺利进行。

五 知识螺旋与产品创新的关系

假设 H16、H17 和 H18 的检验结果表明，知识螺旋对产品创新三维度的影响各不相同，即知识螺旋对产品创新的创意产生和创意扩散具有显著的积极影响，而对创意转化的影响并不显著。创意产生方面，本研究的研究结论与 Myers、Marquis（1969）和 Nonaka、Takeuchi（1995）的研究结论类似，以隐性知识和显性知识交互为本质特征的知识螺旋，对各种知识，特别是貌似并不相关的知识整合到一起，势必会带来知识与思想上的差异与冲突，而这种差异与冲突激发了创造性思维的产生，并引发了创新创意的产生。创意转化方面，本研究得出的研究结论与 Tsai 和 Ghoshal（1998）、Leonard – Barton（1992）及李明星、张同建和林昭文（2010）的研究结论相悖，这也是本研究始料未及的一个结果。除去样本选择上一个企业只选取一名应答者可能造成的偏差以外，可能的一种解释在于，知识螺旋与创意转化之间可能存在某种必经路径，知识的螺旋式上升并不能直接影响创意的转化过程，可能需要某种机制、工艺或资源作为依托。当然，本研究的结论也清晰地表明，知识螺旋可以通过积极影响创意产生间接影响创意转化，这也证明了知识螺旋对创意转化的影响必须依托于某种资源、工艺或机制。创意扩散方面，本研究得出的研究结论与 Nonaka 和 Takeuchi（1995）、Taylor 和 Wright（2004）、谢洪明、王成和吴隆增（2006）及黄家齐和王思峰（2008）的研究结论类似，知识螺旋可以提高新产品与市场需求的契合度，缩短新产品的上市时间，促进创新成果的推广，提高创新绩效。

六　产品创新价值链三个维度的关系

假设 H19、H20 和 H21 的检验结果表明，产品创新三维度之间的关系各不相同，即产品创新的创意产生对创意转化具有显著的积极影响，创意产生对创意扩散没有显著的影响，创意转化对创意扩散具有显著的积极影响。虽然实证研究的检验结果与本研究前文提出的研究假设有所出入，但这样的研究结论证明了 Hansen 和 Birkinshaw（2008）的观点，即创新的三个过程——创意产生、创意转化、创意扩散组成的创新价值链是一个首尾相连的连续的链状流，创意产生是前提条件，创意转化是必经之路，创意扩散是最终目的。不经过合理的筛选机制和完善的研发流程，空有好的创意是不能为企业带来创新绩效的。这一研究结论也再一次证明了创意的筛选及研发的重要性，创新来自个体、部门和组织的实践，而不是空想。

七　知识螺旋的中介效应

本研究验证了知识螺旋在内部社会资本三维度与产品创新三维度关系中的中介效应。

（一）知识螺旋在结构维度与产品创新关系中的中介效应

假设 H22、H23 和 H24 的检验结果表明，知识螺旋在企业内部社会资本结构维度与产品创新的创意产生、创意转化及创意扩散的关系中存在完全中介效应。这与 Smith、Collins 和 Clark（2005）的研究结论十分接近。知识螺旋在结构维度与产品创新关系中完全中介效应的存在也进一步证明，组织内部个体间的互动对产品创新的创意产生、创意转化及创意扩散不会产生直接的影响，而必须通过诸如知识及知识螺旋来间接对产品创新产生影响，个体间互动只能提供一种氛围，在如此氛围下的资源与知识的整合才是关键。

（二）知识螺旋在认知维度与产品创新关系中的中介效应

假设 H25、H26 和 H27 的检验结果表明，知识螺旋在企业内部社会资本认知维度与产品创新的创意产生、创意转化及创意扩散的关系中存在完全中介效应或部分中介效应。这与 Iansiti 和 West（1997）的研究结论十分接近。其中，知识螺旋在认知维度与创意产生及创意扩散关系中存在完全中介效应，这进一步说明，共同的价值观、愿景和目标能够塑造一种追求，但是若要对企业创新的创意产生及创新绩效的达成产生影响，必须依托于知识等资源才能实现。知识螺旋在认知维度与创意转化关系中存在部分中介效应，共同的价值观所塑造的共同追求一方面直接作用于企业对创意的选择及开发；另一方面也可以通过影响知识的交换、共享和创造间接促进良好创意的选择及开发。

（三）知识螺旋在关系维度与产品创新关系中的中介效应

假设 H28、H29 和 H30 的检验结果表明，知识螺旋在企业内部社会资本关系三维度与产品创新三维度的关系中扮演着不同的角色。具体地说，知识螺旋在关系维度与创意产生的关系中存在部分中介效应，这同样与 Iansiti 和 West（1997）的研究结论十分接近，信任可以提高对对方提供信息的认同，从而激发创意的产生，并且可以通过促进知识交换、共享与创造间接促进创意的产生；知识螺旋在关系维度与创意转化的关系中不存在中介效应，这与 Uzzi（1997）的研究结论类似，原因在于信任并不能影响知识的交换、共享与创造，而知识的交换、共享与创造也并不能直接影响创意转化，但是可以看到，知识螺旋可以通过影响创意产生间接影响创意转化；知识螺旋在关系维度与创意扩散的关系中存在完全中介效应，这与曹科岩、龙君伟和杨宇浩（2008）及简兆权、刘荣和招丽珠（2010）的研究结论十分接近，组织内个体间彼此信任并不能直接导致创新绩效的提高，而是要通过对知识等资源的影响间接促进创新绩效的提高。

第七章　研究结论与未来展望

在对本研究的背景、目的及意义阐述的基础上，通过对相关理论文献的回顾，提出本研究的理论模型及研究假设，通过数据收集及数据分析，本研究探讨了企业内部社会资本通过知识螺旋对产品创新的影响机理与路径。本章是本研究的归纳与总结。基于本研究整个分析的基础上，首先，本章归纳了本研究的主要研究结论；其次，对应第一章中理论意义与实践意义，本章提出本研究的理论贡献及实践启示；最后，指出本研究存在的局限性，并针对局限性提出未来研究展望。

第一节　主要研究结论

第一，验证了内部社会资本三维度的关系。社会资本是一个整体概念，包括结构维度、认知维度和关系维度。关于社会资本的培育问题鲜有人关注，本研究对内部社会资本三维度的关系基于中国企业实践进行了验证，验证了以组织内成员间的互动为主要表征的结构维度是社会资本的首要维度，对以共同价值观为主要表征的认知维度（$\beta = 0.50$，$p = 0.001$）和以信任为主要表征的关系维度（$\beta = 0.39$，$p = 0.001$）有显著的积极影响，是共同价值观的形成及信任的达成的必要前提；以共同价值观为主要表征的认知维度可以起到聚合的作用，对以信任为主要表征的关系维度有显著的积极影响（$\beta = 0.36$，$p = 0.001$），是信任达成的一个条件。除去正式的制度等因素不谈，内部社会资本的培育是有迹可循的。组织成员间的互动是前提，而共同价值观是必要条件，同时，信任是根本特征，反过来会促进组织内部成员间的积极互动及共同价值观的形成与巩固。

第二，验证了创新价值链理论在产品创新评价问题中的适用性与适宜性。创意产生积极影响创意转化（$\beta = 0.21$，$p = 0.017$），创意转化又进一步积极影响创意扩散（$\beta = 0.42$，$p = 0.001$），而创意产生并不能直接影响创意扩散（$\beta = 0.07$，$p = 0.470$）。创新不是一蹴而就的，创新也不是"黑箱"，创新价值链理论不但提出了创新实践的方法，也为创新评价指明了一个方向。本研究通过理论分析验证了创新价值链理论运用于产品创新评价问题的适用性，并且通过实证研究检验了创新价值链理论在产品创新评价问题中的适宜性。对创新的评价不能只关注其绩效的一面，创新如何产生及转化的重要性也不容忽视。

第三，验证了内部社会资本三维度与知识螺旋的关系。内部社会资本的三个维度对知识螺旋的影响各不相同，其中，结构维度积极影响知识螺旋（$\beta = 0.18$，$p = 0.040$）；认知维度也积极影响知识螺旋（$\beta = 0.59$，$p = 0.001$）；而关系维度对知识螺旋并没有显著的影响（$\beta = 0.14$，$p = 0.084$）。组织内部个体间的互动及拥有共同价值观为知识螺旋提供了"场"，可以促进个体间显性知识与隐性知识的交换、共享与创造，而组织内部个体间的信任并没有为知识螺旋提供必要的"场"，彼此间的信任并不能直接影响知识交换、共享与创造的意愿与结果。

第四，验证了知识螺旋与产品创新的关系。知识螺旋对产品创新的影响各不相同，其中，知识螺旋积极影响创意产生（$\beta = 0.39$，$p = 0.001$），并积极影响创意扩散（$\beta = 0.21$，$p = 0.047$），而对创意转化的积极影响并不显著（$\beta = 0.27$，$p = 0.074$）。组织内部个体间的显性知识与隐性知识的交换、共享与创造可以为新的产品创新创意提供"场"，促进创意的内部导入、外部导入及跨部门导入；并且，可以为新产品的商业化提供"场"，促进新产品可以及时占领市场、扩大市场份额并最大限度地向目标市场推广；但是，组织内部个体间的显性知识与隐性知识的交换、共享与创造并不能为创意转化提供"场"，不能直接影响新产品创新的筛选与开发。

第五，验证了知识螺旋在企业内部社会资本与产品创新关系中的中介效应。一般情况下，内部社会资本对产品创新的影响并不是直接达成的。虽然有很多研究讨论并验证了内部社会资本对产品创新的直接影响，但本研究通过实证研究得出，内部社会资本对产品创新的影响极其复杂，必然涉及其他因素的影响。知识，作为知识经济时代企业最重要的一种资源，其重要性毋庸置疑。内部社会资本只有通过对知识的整合才能促进产品创新。知识整合的过程的本质是知识螺旋，即显性知识和隐性知识的交互、转化与螺旋上升。内部社会资本为存在于组织个体的知识交互与共享提供条件，进而影响产品创新，知识螺旋是必经路径。

第二节 理论贡献与实践启示

本研究探讨了内部社会资本、知识螺旋与产品创新之间的路径关系及影响机理，对现有理论进行了一定的拓展，并可以为实践提供一些启示。

一 理论贡献

将创新价值链理论引入产品创新评价框架。如前所述，长期以来，对创新的评价问题一直桎梏于创新的绩效评价，缺乏对创新过程的评价，似乎创新是一个"黑箱"，只要输入资源就可以产出绩效。资源观打破了"黑箱"理论，指出企业的生产与创新是异质性资源的组合与利用，同等资源并不一定带来同等的产出，资源的整合能力是关键要素。创新也是如此。从新产品创新的产生到筛选与转化直至市场化，创新就是一个知识的整合与创造过程。所以，创新评价问题也应该拓宽视角，不仅仅局限于产出的考量。本研究突破创新评价理论中唯绩效的局限，从创新价值链的角度对创新加以全面评价。同时，创新价值链评价的量表可以为以后的研究提供一定的理论基础及分析支持。

对社会资本研究的进一步细化。自社会资本理论提出以来，其实证研究便是一个难题，主要难点在于社会资本衡量问题。近期的实证研究，多把社会资本当成一个维度，考量整体的社会资本。然而，正如 Nahapiet 和 Ghoshal（1998）及 Tsai 和 Ghoshal（1998）的研究所指出的那样，社会资本并不是一个混沌的整体，而是包含了结构维度、认知维度和关系维度三个方面。那么，社会资本的三个维度所产生的作用应该也是不同的，会有不同的作用方式。所以，有必要将社会资本进一步细化，进而更加清晰地考量社会资本的作用。国外学者对这一问题进行了些许探索，但文献并不多见，国内学者更是鲜有涉猎，即使有所触及，也没有进一步探讨三个维度间关系的作用机制。本研究从内部社会资本三维度考量其对产品创新价值链的影响，是对以往社会资本与创新关系研究的一种拓展及深入，拓宽了社会资本单维度对创新单维度的研究思路。

知识螺旋中介效应的引入。知识螺旋理论，作为上世纪末提出的一种先进知识管理理论，受到学术界的广泛重视。然而，以往研究对知识螺旋的实证研究并不多见，特别是针对中国企业的实证研究凤毛麟角。基于中国文化的语境，本研究将修改的知识螺旋量表应用于中国实践，验证了知识螺旋在企业内部社会资本与产品创新关系中的中介效应，可以为社会资本与创新关系研究及知识管理的实证研究提供一点借鉴。

二　实践启示

社会资本是可以培育的。关于社会资本对企业知识管理及创新的重要作用，已经得到组织或个人的认同。然而，社会资本，相对于物质资本、人力资本与财力资本来说，其更加趋于无形，更加难以捉摸。本研究将企业内部社会资本分为结构维度、认知维度和关系维度，并基于中国企业实践考量三者之间的关系，可以看出，组织内部个体间的自由沟通是企业内部社会资本构建或塑造的基础，同时，良好的企业文化不可或缺。在我国，企业对企业文化的理解及运用大多尚不清晰，然而企业文化对于组织生存与发展意义重大。通过自由的交互氛围的构建及共同价值观与愿景的塑造可以培育信任，进而，培育社会资本，同时，企业文化的作用不可或缺。

知识螺旋机制的重要实践意义。虽然社会资本极其重要，但是社会资本更多的是一种氛围，其对企业的运营及创新的作用需要借助其他载体或机制加以实现。知识螺旋，作为知识管理的一个重要模式及工具，在日本企业中占据重要地位。正如 Hofstede（1996）的研究结论所指出，我国的文化特征、权利距离、个人主义与集体主义、不确定性的规避、男性气质和长期取向等方面与日本具有很大的类似性。因而，知识螺旋对于中国企业知识管理及创新的作用同样重要。知识螺旋为企业显性知识与隐性知识的交换、共享以致螺旋创造提供了切实可行的操作规程。知识螺旋应该可以为我国企业良性发展以致基业长青作出贡献。

第三节　未来研究展望

基于资源基础理论，借鉴"场"的概念，本研究以知识螺旋为中介探讨了内部社会资本对产品创新的影响机理，凸显一定的创新性，并具有一定的理论意义及实践启示。然而，由于时间、精力和阅历等客观条件所限，本研究仍然存在一些研究局限，这些局限可以通过未来的研究进一步加以完善。

一　本研究的局限性

样本选择的局限性。一方面，尽管数据的收集及整理经历了很长的时间并耗费了大量的精力，使得本研究基本满足数据分析的样本要求，但本研究仍非严格意义上的大样本研究，并且样本均来自辽宁高技术产业，虽然笔者曾论述过区域及主导产业特征对本书研究结论并不存在显著影响，但仍造成了本研究的研究结论带有一定的区域特征，这在某种程度上限制了研究结论的普适性；另一方面，由于样本采集的客观困难，以及本研究的时间限制，本书样本均来自高技术产业，虽然本研究样本涉及多种产权性质、多种规模和多样企业年龄，但这些都是横截面数据，没有考察企业在纵截面上的变量表现，然而，社会资本、知识螺旋及产品创新都是需要一定的时间积累才能更加清晰体现的，这也在某种程度上限制了研究结论的说服力。

内部社会资本的局部性。社会资本可以分为企业内部社会资本和企业外部社会资本。通常意义上，内部社会资本与外部社会资本是彼此联系并互相促进的，进而影响企业创新与持续竞争优势的形成。限于外部社会资本考察的工作量非常庞大，时间消耗十分漫长，本研究只考察了企业内部社会资本。虽然，内因是根本原因，外因必须通过内因起作用，但本研究仅仅聚焦于企业内部社会资本，在明晰了研究重点的同时，也在一定程度上影响了研究结论的全面性。

知识螺旋的简单化。知识螺旋是一个包括共同化、表出化、联结化与内在化四个关键步骤的有机整体，每一个过程都是不可或缺的。基于此，本研究将知识螺旋当成一个变量加以考量，这一方面体现了知识螺旋的整体性；另一方面也可能导致知识螺旋各个阶段作用的模糊性。另外，企业内部社会资本与创新关系中存在中介效应的变量可能不仅仅是知识螺旋，还有智力资本及吸收能力的因素，这在某种程度上限制了研究结论的全面性。

二　未来研究展望

本研究不可避免地存在些许局限性，这些局限性也为后续研究提供了一些思路。

大样本调查及面板数据调查。一方面，进行大样本调查。样本的数目可以影响研究结论的普适性。中国企业数目庞大，样本数目如果过少将导致研究结论不能有效地代表中国企业的特征。另一方面，面板数据调查。正如研究局限所述的那样，社会资本、知识螺旋和产品创新都不是一蹴而就的，而是需要时间的积累才能体现，特别是社会资本的培育与产生作用、知识的螺旋上升以及产品创新过程，都是需要时间消耗的，为了更加全面地考察知识螺旋在社会资本与产品创新关系中的中介效应，对企业的长期追踪十分必须。

内外部社会资本的共同考量。内因和外因在事物的发展中是同时存在、缺一不可的。企业的外部社会资本对于产品创新也十分重要，很多创新，特别是突破性创新需要企业间的合作才能完成，而且很多创意是需要从企业外部产生的，创新的转化有时候也需要外部企业的通力合作，创意扩散更需要顾客端提供的信息与反馈。未来研究应该将企业内部社会资本与外部社会资本同时考量，并分析其各自不同维度之间的关系，及这种关系对创新的调节作用。

知识螺旋的进一步细化。如前所述，知识螺旋作为一个变量加以考量保证了知识螺旋的整体性，但也削弱了对其每一个关键步骤的详细分析。未来研究可以分别考量知识螺旋的四个维度在社会资本与产品创新关系中的中介效应表现，进而提高研究结论的全面性。

创新的伦理问题。创新是一柄双刃剑，能够为经济发展和社会进步贡献巨大力量，也可能给人类社会带来危害甚至毁灭性灾难。随着各个领域问题的逐渐显现，伦理受到了创新的巨大挑战和冲击，如何在伦理范围内合理地开展创新活动成为一个亟待解决的课题。企业的社会资本应该可以有助于创新在伦理规约下合理且和谐地发展，这是社会的呼声，也是企业应当承担的社会责任。

附录　调查问卷

尊敬的先生/女士：

您好！

本问卷是渤海大学管理学院进行的一项研究，旨在调查企业社会资本对企业创新的影响，答案没有对与错，若有某个问题未能完全表达您的意见时，请勾选最接近您看法的答案。烦请您花几分钟时间填写问卷，非常感谢！您的回答对我们的研究结论非常重要，非常感谢您的热情帮助！本问卷纯属学术研究目的，内容不会涉及贵企业的商业机密问题，所获信息也不会用于任何商业目的，请您放心并尽可能客观回答，且勿遗漏任何一题。

如果您对本研究的结论感兴趣，请在问卷最后注明，届时我会将结论反馈给您。

第一部分：内部社会资本、知识螺旋与产品创新

下列表述，请按照您的实践经验和认可程度给出您的答案，在每题相应的选项框中打"√"。

题号	题项	同意程度				
		非常不同意	很不同意	一般	很同意	非常同意
		1	2	3	4	5
SCS1	本企业员工之间经常保持工作以外的联络（如聚餐、郊游、聚会等）					
SCS2	本企业员工在工作中遇到困难时，同事们会及时给予支持和帮助					

续表

题号	题项	同意程度				
		非常 不同意	很不 同意	一般	很同意	非常 同意
		1	2	3	4	5
SCS3	本企业员工可以很容易从同事那里获得与工作相关的信息					
SCC1	本企业有明确的企业发展理念，并得到员工的认同					
SCC2	本企业有明确的企业文化，并得到员工的认同					
SCC3	本企业有明确的发展规划，并得到员工的认同					
SCR1	本企业员工不会作出有损同事利益的行为					
SCR2	即使有机会，本企业员工也不会趁机欺骗或利用同事					
SCR3	本企业员工通常能对同事信守承诺					
KSS1	本企业经常实施跨部门的合作项目					
KSS2	本企业重视"师傅带徒弟"的传授方法					
KSS3	本企业经常展开"头脑风暴"					
KSS4	本企业经常实施雇员岗位轮换					
KSE1	本企业有比较完善的基于案例推理的问题解决系统					
KSE2	本企业有完善的专门知识手册					
KSE3	本企业鼓励员工在交流中使用归纳、演绎等方法来思考问题					
KSE4	本企业鼓励员工捕获、学习和共享专家意见					
KSC1	本企业建立了丰富的产品和服务的数据库					
KSC2	本企业善于运用文件、会议、电话交谈或计算机通信网络等媒介辅助员工之间的交流与沟通					
KSC3	本企业有丰富的信息、学习课程和实践经验的知识库					
KSI1	本企业经常实施在职培训					
KSI2	本企业重视"干中学"等学习方式					
KSI3	本企业鼓励员工通过观察学习新知识					
KSI4	本企业重视面对面会谈讨论					
IVG1	本企业的企业文化激励员工提出新的创意					
IVG2	本企业的员工经常独立地提出新的创意					
IVG3	本企业的创新项目经常涉及公司不同部门或团队的成员					

题号	题项	同意程度				
		非常 不同意	很不 同意	一般	很同意	非常 同意
		1	2	3	4	5
IVG4	关于新产品的好的创意很少来自企业外部					
IVG5	我们认为从企业外部获得的创意不如内部创意有价值					
IVT1	本企业很多创意容易获得关注、培育或奖励					
IVT2	本企业倾向于选择风险较小的创意					
IVT3	本企业对产品开发项目经常能够按时完成					
IVT4	本企业新产品开发能够得到足够的支持（如资金、人力等）					
IVD1	本企业在新产品的推出上行动迅速					
IVD2	竞争者总是模仿本企业产品，并落后于本企业在目标地区推广					
IVD3	本企业能够将新产品或新服务渗透到所有的目标销售渠道、顾客群和地区					

第二部分：企业基本情况调查

请给出贵公司的基本信息：

1. 贵公司设立的年份是_____年。

2. 贵公司的产权性质是（　　　　）。

A. 国有独资；B. 国有控股；C. 国有参股；D. 民营；E. 中外合资；F. 外商独资；G. 其他（请注明）_____

3. 贵公司的从业人员数为（　　　　）人。

A. 100 以下；B. 100—200；C. 200—300；D. 300—400；E. 400—500；F. 500—600；G. 600—800；H. 800—1000；I. 1000—2000；J. 2000—3000；K. 3000 以上

第三部分：问卷填写者个人信息

请给出您的基本信息：

1. 您在贵公司工作了_____年。

2. 您的受教育程度为（　　　　）。

A. 本科以下；B. 本科；C. 硕士研究生；D. 博士研究生

3. 您的性别是（　　）。

A. 男；B. 女

4. 您的年龄是（　　）岁。

A. 20—30；B. 31—40；C. 41—50；D. 51—60；E. 60 以上

5. 您的 E - mail 为_____。

再次感谢您对本研究工作的支持！

参考文献

[1] 卢福财、周鹏:《企业间网络是合作创新的有效组织形式》,《当代财经》2006 年第 9 期。

[2] 武志伟:《企业社会资本的内涵和功能研究》,《软科学》2003 年第 17 期。

[3] 郑胜利、陈国智:《企业社会资本积累与企业竞争优势》,《生产力研究》2002 年第 1 期。

[4] 陈劲、张方华:《社会资本与技术创新》,浙江大学出版社 2002 年版。

[5] 李红艳、储雪林、常宝:《社会资本与技术创新的扩散》,《科学学研究》2004 年第 22 期。

[6] 吴晓波、韦影、杜健:《社会资本在开展产学研合作中的作用探析》,《科学学研究》2004 年第 22 期。

[7] 吴晓波、韦影:《制药企业技术创新战略网络中的关系性嵌入》,《科学学研究》2005 年第 23 期。

[8] 韦影:《企业社会资本与技术创新:基于吸收能力的实证研究》,《中国工业经济》2007 年第 9 期。

[9] 张方华:《企业社会资本与技术创新绩效:概念模型与实证分析》,《研究与发展管理》2006 年第 18 期。

[10] 李新功:《基于社会资本网络理论的企业创新模式研究》,《科技与经济》2009 年第 22 期。

[11] 杨宇、沈坤荣:《社会资本对技术创新的影响——基于中国省级面板数据的实证研究》,《当代财经》2010 年第 8 期。

[12] 杨震宁、李东红:《中国制造业企业创新:行业竞争,嵌入集群的社会资本与技术战略选择》,《财贸经济》2010 年第 6 期。

[13] 陈金波：《企业社会资本与技术创新——对河南省 249 户重点企业的实证研究》，《经济经纬》2010 年第 3 期。

[14] 吕淑丽：《企业家社会资本对技术创新绩效的影响》，《情报杂志》2010 年第 29 期。

[15] 林筠、刘伟、李随成：《企业社会资本对技术创新能力影响的实证研究》，《科研管理》2011 年第 32 期。

[16] 范钧：《社会资本对 KIBS 中小企业客户知识获取和创新绩效的影响研究》，《软科学》2011 年第 25 期。

[17] 戴勇、朱桂龙：《以吸收能力为调节变量的社会资本与创新绩效研究——基于广东企业的实证分析》，《软科学》2011 年第 25 期。

[18] 郑美群、蔡莉：《社会资本对高技术企业绩效的作用分析》，《工业技术经济》2005 年第 24 期。

[19] 柯江林、孙建敏、石金涛、顾琴轩：《企业 R&D 团队之社会资本与团队效能关系的实证研究——以知识分享与知识整合为中介变量》，《管理世界》2007 年第 3 期。

[20] 谢洪明、王成、吴业春：《内部社会资本对知识能量与组织创新的影响——华南地区企业的实证研究》，《管理学报》2007 年第 4 期。

[21] 陈建勋、朱蓉、吴隆增：《内部社会资本对技术创新的影响——知识创造的中介作用》，《科学学与科学技术管理》2008 年第 5 期。

[22] 顾琴轩、王莉红：《人力资本与社会资本对创新行为的影响——基于科研人员个体的实证研究》，《科学学研究》2009 年第 27 期。

[23] 王莉红、顾琴轩、褚田芬：《人力资本与社会资本对创新行为的影响——跨层次模型研究》，《工业工程与管理》2009 年第 14 期。

[24] 陈朝旭、缪小明：《研发团队内部社会资本对突破性创新的影响——以知识冲突为中介变量》，《情报杂志》2010 年第 8 期。

[25] 方世杰：《在台外商研发投资与台湾知识流通体系之影响》，《管理学报》2002 年第 1 期。

[26] 王凤彬、江鸿、吴隆增：《社会资本与核心能力关系研究：以知识创造为中介变量》，《科学学研究》2008 年第 26 期。

[27] 彭双、顾新：《基于社会资本视角的知识链组织间知识创造研究》，《情报杂志》2009 年第 28 期。

[28] 周劲波、黄胜：《社会资本与知识创新间关系的实证研究框架》，

《科学学与科学技术管理》2009 年第 3 期。

［29］ 陈建勋、勾东宁、吴隆增：《基于社会资本视角的知识螺旋过程研究》，《研究与发展管理》2010 年第 22 期。

［30］ 金辉、杨忠、冯帆：《社会资本促进个体间知识共享的作用机制研究》，《科学管理研究》2010 年第 28 期。

［31］ 魏江、许庆瑞：《企业技术能力和技术创新能力的关系研究》，《科研管理》1996 年第 17 期。

［32］ 王大洲：《企业技术创新过程中对知识的运用：中西比较与启示》，《科学管理研究》2001 年第 19 期。

［33］ 刘劲扬：《知识创新、技术创新与制度创新概念的再界定》，《科学学与科学技术管理》2002 年第 5 期。

［34］ 杨文明、韩文秀：《论知识创新和技术创新的互动关系与作用机制》，《科学管理研究》2003 年第 21 期。

［35］ 芮明杰、李鑫、任红波：《高技术企业知识创新模式研究——对野中郁次郎知识创造模型的修正与扩展》，《外国经济与管理》2004 年第 26 期。

［36］ 张晓林、吴育华：《创新价值链及其有效运作的机制分析》，《大连理工大学学报》（社会科学版）2005 年第 26 期。

［37］ 党兴华、李莉：《技术创新合作中基于知识位势的知识创造模型研究》，《中国软科学》2005 年第 11 期。

［38］ 欧光军、邵祖峰、张子刚：《基于知识创造的产品创新动态模型及管理机制研究》，《科学管理研究》2005 年第 23 期。

［39］ 赵永彬、弋亚群：《企业闲置知识与技术创新的关系探讨》，《科学学研究》2007 年第 25 期。

［40］ 吴翠花、万威武：《基于自主创新的组织知识创造机制研究》，《科研管理》2007 年第 28 期。

［41］ 马旭军：《区域创新系统中知识流动的重要性分析》，《经济问题》2007 年第 5 期。

［42］ 余光胜、毛荐其：《技术创新中默会知识转移问题研究》，《研究与发展管理》2007 年第 19 期。

［43］ 崔颖：《基于隐性知识转化的中小企业技术创新网络构建》，《科技管理研究》2008 年第 11 期。

［44］张明、江旭、高山行：《战略联盟中组织学习、知识创造与创新绩效的实证研究》，《科学学研究》2008年第4期。

［45］黄芳、马剑虹、张俊飞：《跨职能知识共享对团队创新绩效的影响机制探索》，《应用心理学》2009年第15期。

［46］张光磊、周和荣、廖建桥：《知识转移视角下的企业组织结构对技术创新的影响研究》，《科学学与科学技术管理》2009年第8期。

［47］路琳、梁学玲：《知识共享在人际互动与创新之间的中介作用研究》，《南开管理评论》2009年第12期。

［48］简传红、张同健、林昭文：《知识转化与企业技术创新的相关性研究》，《科技管理研究》2009年第5期。

［49］王端旭、朱晓婧、王紫薇：《团队承诺影响研发人员创造力的实证研究：知识共享为中介变量》，《科学学与科学技术管理》2009年第12期。

［50］谢言、高山行、江旭：《外部社会联系能否提升企业自主创新？——一项基于知识创造中介效应的实证研究》，《科学学研究》2010年第28期。

［51］宋志红、陈澍、范黎波：《知识特性、知识共享与企业创新能力关系的实证研究》，《科学学研究》2010年第28期。

［52］张同健、蒲勇健：《互惠性偏好、隐性知识转化与技术创新能力的相关性研究——基于研发型团队的数据检验》，《管理评论》2010年第22期。

［53］李明星、张同健、林昭文：《知识转化、自主技术创新与企业成长的相关性研究——基于广东省高技术风险企业的数据检验》，《科技管理研究》2010年第23期。

［54］张慧颖、戴万亮：《基于创新价值链的区域创新价值链概念模型》，《科技进步与对策》2011年第28期。

［55］郑也夫、彭泗清：《中国社会中的信任》，中国城市出版社2003年版。

［56］罗家德、郑孟育、谢智棋：《实践性社群内社会资本对知识分享的影响》，《江西社会科学》2007年第3期。

［57］郭毅、朱熹：《国外社会资本与管理学研究新进展——分析框架与应用述评》，《外国经济与管理》2003年第25期。

［58］顾新、郭耀煌、李久平：《社会资本及其在知识链中的作用》，《科研管理》2003 年第 5 期。

［59］李永锋、司春林：《合作创新中企业声誉、共享价值观和相互信任的实证研究》，《技术经济与管理研究》2007 年第 6 期。

［60］蒋春燕、赵曙明：《社会资本和公司企业家精神与绩效的关系》，《管理世界》2006 年第 10 期。

［61］柯江林、石金涛：《知识型团队有效知识转移的社会资本结构优化研究》，《研究与发展管理》2007 年第 19 期。

［62］魏江、郑小勇：《关系嵌入强度对企业技术创新绩效的影响机制研究——基于组织学习能力的中介性调节效应分析》，《浙江大学学报》（人文社会科学版）2010 年第 4 期。

［63］刘朝臣、鲍步云、梁昌辉：《论企业创新文化的价值观与创新行为》，《生产力研究》2006 年第 5 期。

［64］张成美、肖志颖、方志华：《安徽工业企业创新调查分析》，《安徽科技》2008 年第 2 期。

［65］霍广田：《企业价值观与自主创新研究》，《绥化学院学报》2010 年第 30 期。

［66］夏若江：《基于信任的企业学习和创新能力分析》，《科技管理研究》2005 年第 12 期。

［67］孙红萍、刘向阳：《个体知识共享意向的社会资本透视》，《科学学与科学技术管理》2007 年第 1 期。

［68］周密、赵西萍、司训练：《团队成员网络中心性、网络信任对知识转移成效的影响研究》，《科学学研究》2009 年第 27 期。

［69］朱方伟、王永强、武春友：《技术转移中隐性知识转化的障碍因素分析》，《科学学研究》2006 年第 24 期。

［70］杨德林、史海峰：《R&D 项目组知识创造影响因素的实证研究》，《科学学与科学技术管理》2005 年第 7 期。

［71］张爱丽：《内外部社会资本对知识创造作用的实证研究》，《科学学研究》2010 年第 28 期。

［72］李惠斌、杨冬雪：《社会资本与社会发展》，社会科学文献出版社 2000 年版。

［73］郑仁伟、黎士群：《组织公平、信任与知识分享行为之关系研究》，

《人力资源管理学报》2001 年第 1 期。

[74] 高祥宇、卫民堂、李伟：《信任促进两人层次知识转移的机制的研究》，《科学学研究》2005 年第 23 期。

[75] 徐海波、高祥宇：《人际信任对知识转移的影响机制：一个整合的框架》，《南开管理评论》2006 年第 9 期。

[76] 吴翠花、王三义、刘新梅、万威武：《联盟网络社会资本对知识转移影响路径研究》，《科学学研究》2008 年第 26 期。

[77] 刘寿先、于鹏：《社会资本与企业技术创新》，《甘肃理论学刊》2007 年第 1 期。

[78] 毛荐其、俞国方：《技术创新进化研究综述》、《科研管理》2005 年第 26 期。

[79] 谢洪明、王成、吴隆增：《知识整合、组织创新与组织绩效：华南地区企业的实证研究》，《管理学报》2006 年第 5 期。

[80] 郝敬宾、徐人平、张安鸿、张燕燕：《快速成型技术加快产品创新中的知识螺旋》，《机电产品开发与创新》2006 年第 19 期。

[81] 蒋翠清、杨善林：《基于集成框架的企业知识创新模式研究》，《科学学与科学技术管理》2007 年第 1 期。

[82] 谢洪明：《社会资本对组织创新的影响：中国珠三角地区企业的实证研究及其启示》，《科学学研究》2006 年第 24 期。

[83] 张方华、朱朝晖：《知识型企业的社会资本与知识创造》，《中国科技论坛》2003 年第 6 期。

[84] 郭韬、姜树凯：《知识创新在企业创新系统中的作用机理分析》，《科技管理研究》2008 年第 7 期。

[85] 简兆权、刘荣、招丽珠：《网络关系、信任与知识共享对技术创新绩效的影响研究》，《研究与发展管理》2010 年第 22 期。

[86] 陆小成、罗新星：《基于建构主义的技术创新扩散隐性知识转化研究》，《情报杂志》2007 年第 7 期。

[87] 吴隆增、简兆权：《组织学习、知识创造与新产品开发绩效的关系研究》，《科技进步与对策》2008 年第 25 期。

[88] 黄家齐、王思峰：《知识创造及创新绩效——知识螺旋理论的新观点验证》，《组织与管理》2008 年第 1 期。

[89] 朱杭、莫燕、周晓林：《技术中介提升创新价值链效益的机理分

析》，《科技进步与对策》2006 年第 9 期。

［90］孙海玲：《基于技术创新价值链的创新机制分析》，《企业活力》
2007 年第 2 期。

［91］杨小英：《基于创新价值链的知识信息服务系统重构》，《图书馆学
研究》2009 年第 2 期。

［92］代明、梁意敏、戴毅：《创新链解构研究》，《科技进步与对策》
2009 年第 26 期。

［93］曹科岩、龙君伟、杨宇浩：《组织信任、知识分享与组织绩效关系
的实证研究》，《科研管理》2008 年第 29 期。

［94］韩维贺、季绍波：《知识创造过程效果的实证研究——个人和团队
层面》，《清华大学学报》（自然科学版）2006 年第 46 期。

［95］余建英、何旭宏：《数据统计分析与 SPSS 应用》，人民邮电出版社
2003 年版。

［96］李怀祖：《管理研究方法论》，西安交通大学出版社 2004 年版。

［97］余民宁、李仁豪：《调查方式与问卷长短对回收率与调查内容影响
之研究》，《当代教育研究》2006 年第 14 期。

［98］黄芳铭：《结构方程模式：理论与应用》，中国税务出版社 2005
年版。

［99］侯杰泰、温忠麟、成子娟：《结构方程模型及其应用》，教育科学出
版社 2004 年版。

［100］邱皓政：《结构方程模式——LISREL 的理论、技术与应用》，《双
叶书廊》，2005 年。

［101］陈向明：《质的研究方法与社会科学研究》，教育科学出版社 2000
年版。

［102］荣泰生：《企业研究方法》，中国税务出版社 2005 年版。

［103］袁方：《社会研究方法教程》，北京大学出版社 1997 年版。

［104］温忠麟、张雷、侯杰泰、刘红云：《中介效应检验程序及其应用》，
《心理学报》2004 年第 36 期。

［105］Hansen M. T., Birkinshaw J. The Innovation Value Chain ［J］. Harvard Business Review, 2008 (4)：121—130.

［106］Nahapiet J., Ghoshal S. Social Capital, Intellectual Capital, and the Organizational Advantage ［J］. Academy of Management Review, 1998, 23

（2）：242—266.

［107］Zander U. , Kogut B. Knowledge and the Speed of the Transfer and Imitation of Organizational Capabilities：An Empirical Test ［J］. Organization Science, 1995, 6（1）：76—92.

［108］Powell W. W. , Koput K. W. , Smith—Doerr L. Interorganisational Collaboration and the Locus of Innovation：Networks of Learning in Biotechnology ［J］. Administrative Science Quarterly, 1996, 41（1）：116—145.

［109］Hagedoorn J. , Duysters G. External Sources of Innovative Capabilities：The Preference for Strategic Alliances or Mergers and Acquistions ［J］. Journal of Management Studies, 2002, 39（2）：167—188.

［110］Landry R. , Amara N. , Lamari M. Does Social Capital Determine Innovation? To What Extent ［J］. Technological Forecasting and Social Change, 2002, 69（7）：681—701.

［111］Landry R. , Amara N. , Lamari M. , Ouimet M. Coordination of Interactions in Innovative Environments ［J］. International Journal of Entrepreneurship and Innovation Management, 2007, 7（2/3/4/5）：174—203.

［112］Ouimet M. , Landry R. , Amara N. Networks, Clusters and other int – erfirm relations as Vehicles for Knowledge Building and Transfer ［J］. International Journal of Entrepreneurship and Innovation Management, 2007, 7（2/3/4/5）：251—271.

［113］Shu S. T. , Wong V. , Lee N. The effects of external linkages on new product innovativeness：an examination of moderating and mediating influences ［J］. Journal of Strategic Marketing, 2005, 13（3）：199—218.

［114］Frankort H. T. W. Structural holes, technological resources, and innovation：A study of an interfirm R&D network ［A］. in G. T. Solomon（Ed. ）, Best Paper Proceedings of the Academy of Management, 2008.

［115］Schilling M. A. , Phelps C. C. Interfirm Collaboration Networks：The Impact of Large – Scale Network Structure on Firm Innovation ［J］. Management Science, 2007, 53（7）：1113—1126.

［116］Hsieh M. H. , Tsai K. H. Technological Capability, Social Capital and the Launch Strategy for Innovative Products ［J］. Industrial Marketing Management, 2007, 4（36）：493—502.

[117] Kaasa A. Effects of Different Dimensions of Social Capital on Innovative Activity: Evidence from Europe at the Regional Level [J]. Technovation, 2009, 29 (3): 218—233.

[118] Phelps C. C. A Longitudinal Study of the Influence of Alliance Network Structure and Composition on Firm Exploratory Innovation [J]. Academy of Management Journal, 2010, 53 (4): 890—913.

[119] Tsai W. , Ghoshal S. Social Capital and Value Creation: the Role of Intrafirm Networks [J]. Academy of Management Journal, 1998, 41 (4): 464—476.

[120] Gabbay S. M. , Zuckerman E W. Social Capital and Opportunity in Corporate R&D: The Contingent Effect of Contact Density on Mobility Expectations [J]. Social Science Research, 1998, 27 (2): 189—217.

[121] Reagans R. , Zuckerman E. W. Networks, Diversity, and Productivity: The Social Capital of Corporate R&D Teams [J]. Organization Science, 2001, 12 (4): 502—517.

[122] Brockman B. K. , Morgan R. M. The Role of Existing Knowledge in New Product Innovativeness Performance [J]. Decision Sciences, 2003, 34 (2):385—419.

[123] Obstfeld D. Social Networks, the Tertius Lungens Orientation, and Involvement in Innovation [J]. Administrative Science Quarterly, 2005, 50 (1):100—130.

[124] Lee S. H. , Wong P. K. , Chong C. L. Human and Social Capital Explanations for R&D Outcomes [A]. IEEE Transactions on Engineering Management [C]. 2005, 52 (1): 59—68.

[125] Subramaniam M. , Youndt M. A. The Influence of Intellectual Capital on the Types of Innovative Capabilities [J]. Academy of Management Journal, 2005, 48 (3): 450—463.

[126] Jansen J. J. P, Bosch F. A. J, Volberda H. W. Exploratory Innovation, Exploitative Innovation, and Performance: Effects of Organizational Antecedents and Environmental Moderators [J]. Management Science, 2006, 52 (11): 1661—1674.

[127] Perry – Smith J. E. Social yet Creative: The Role of Social Relationships

in Facilitating Individual Creativity [J]. Academy of Management Journal, 2006, 49 (1): 85—101.

[128] Chen M. H., Chang Y. C., Hung S. C. Social Capital and Creativity in R&D Project Teams [J]. R&D Management, 2008, 38 (1): 21—34.

[129] Cattani G., Ferriani S. A Core/Periphery Perspective on Individual Creative Performance: Social Networks and Cinematic Achievements in the Hollywood Film Industry [J]. Organization Science, 2008, 19 (6): 824—844.

[130] Wu W. Y., Chang M. L, Chen C. W. Promoting Innovation through the Accumulation of Intellectual Capital, Social Capital, and Entrepreneurial Orientation [J]. R&D Management, 2008, 36 (3): 265—277.

[131] Lovejoy W. S., Sinha A. Efficient Structures for Innovative Social Networks [J]. Management Science, 2010, 56 (7): 1127—1145.

[132] Chen C. CiteSpace II: Detecting and Visualizing Emerging Trends and Transient Patterns in Scientific Literature [J]. Journal of the American Society for Information Science and Technology, 2006, 57 (3): 359—377.

[133] Uzzi B., Lancaster R. Relational Embeddedness and Learning: The Case of Bank Loan Managers and Their Clients [J]. Management Science, 2003, 49 (4): 383—399.

[134] Blomqvist K., Hurmelinna P., Seppanen R. Playing the Collaboration Game Right – Balancing Trust and Contracting [J]. Technovation, 2005, 25 (5): 497—504.

[135] Watson S., Hewett K. A Multi – theoretical Model of Knowledge Transfer in Organizations: Determinants of Knowledge Contribution and Knowledge Reuse [J]. Journal of Management Studies, 2006, 43 (2): 141—173.

[136] Kogut B., Zander U. Knowledge of the Firm, Combinative Capabilities and the Replication of Technology [J]. Organization Science, 1992, 3 (3): 383—397.

[137] Nonaka I. A Dynamic Theory of Organizational Knowledge Creation [J]. Organization Science, 1994, 5 (1): 14—37.

[138] Wang E. T. G., Ying T. C., Jiang J. J., Klein G. Group Cohesion in Organizational Innovation: An Empirical Examination of ERP Implementation [J]. Information and Software Technology, 2006, 48 (4): 235—244.

[139] Porter M. E. Competitive Advantage: Creating and Sustaining Superior Performance [M]. New York: The Free Press, 1985.

[140] Garnovetter M. Economic Action and Social Structure: The Problem of Embeddedness [J]. American of Sociology, 1985, 91 (3): 481—510.

[141] Grant R. M. Toward a Knowledge – based Theory of the Firm [J]. Strategic Management Journal 1996, 17 (s): 109—122.

[142] Adler P. S. , Kwon S. W. Social Capital: Prospects for a New Concept [J]. Academy of Management Review, 2002, 27 (1): 17—40.

[143] Szulanski G. Exploring Internal Stickiness: Impediments to the Transfer of Best Practice within the Firm [J]. Strategic management journal, Winter special issue, 1996, (17): 27—43.

[144] Coleman J. S. Social Capital in the Creation of Human Capital [J]. American Journal of Sociology, 1998, 17 (2): 95—120.

[145] Kale P. Singh H. , Perlmutter H. Learning and Protection of Proprietary Assets in Strategic Alliances: Building Relational Capital [J]. Strategic Management Journal, 2000, 21: 217—238.

[146] Yli – Renko H. , Autio E. , Sapienza H. J. Social Capital, Knowledge Acquisition, and Knowledge Exploitation in Young Technology – based Firms [J]. Strategic management journal, 2001, 22 (6—7): 587—613.

[147] Tsai W. Knowledge Transfer in Intraorganizational Networks: Effects of Network Position and Absorptive Capacity on Business Unit Innovation and Performance [J]. Academy of Management Journal, 2001, 44 (5): 996—1004.

[148] Tsai W. Social Structure of Coopetition Within a Multiunit Organization Coordination, Competion, and Intra – organization Knowledge Sharing [J]. Organization Science, 2002, 13 (2): 179—190.

[149] Lang J. C. Social Context and Social Capital as Enables of Knowledge Integration [J]. Journal of Knowledge Management, 2004, 8 (3): 89—105.

[150] Inkpen A. C. , Tsang E. W. K. Social Capital, Network, and Knowledge Transfer [J]. Academy of Management Review, 2005, 30 (1) : 146—165.

[151] Collins C. J. , Smith K. G. . Knowledge Exchange and Combination: The Role of Human Resource Practices in the Performance of High – technology Firms [J]. The Academy of Management Journal, 2006, 49 (3): 544—560.

[152] Maurer I. , Ebers M. Dynamics of Social Capital and their Performance Implications: Lessons from Biotechnology Start – ups [J]. Administrative Science Quarterly, 2006, 51 (2): 266— 292.

[153] Kogut B. , Zander U. Knowledge of the Firm and the Evolutionary Theory of the Multinational Corporation [J]. Journal of International Business Studies, 1993, 24 (4): 625—645.

[154] Nelson R. R. The Co – evolution of Technology, Industrial Structure, and Supporting Institutions [J]. Industrial and Corporate Change, 1994, 3 (1): 47—63.

[155] Nonaka I. , Takeuchi H. The Knowledge – Creating Company: How Japanese Companies Create the Dynamics of Innovation [M]. New York: Oxford University Press, 1995.

[156] Beneito P. The Innovative Performance of In – house and Contracted R&D in Terms of Patents and Utility Models [J]. Research Policy, 2006, 35: 502—517.

[157] Gopalakerishnan S. , Bierly P. Organizational Innovation and Strategic Choices: A knowledge – based View [J]. Academy of Management Proceedings, 1997: 422— 426.

[155] Nonaka I. , Konno N. The Concept of ' Ba': Building a Foundation for Knowledge Creation [J]. California Management Review, 1998, 40 (3): 40—54.

[159] Iansiti M. Technology Integration: Making Critical Choices in a Dynamic World [M]. Boston, MA: Harvard Business school press, 1998.

[160] Von Krogh G. , Ichijo K. , Nonaka I. Enabling Knowledge Creation: How to Unlock the Mystery of Tacit Knowledge and Release the Power of Innovation [M]. Oxford: Oxford University Press, 2000.

[161] Sivadas E. , Dwyer F. R. An Examination of Organizational Factors Influencing New Product Success in Internal and Alliance – based Processes [J].

Journal of Marketing, 2000, 64 (1): 31—49.

[162] Cavusgil S. T., Calantone R. J., Zhao Y. Tacit Knowledge Transfer and Firm Innovation Capability [J]. Journal of Business and Industrial Marketing, 2003, 18 (1): 6—21.

[163] Hong P., Doll W. J., Nahm A. Y., Li X. Knowledge Sharing in Integrated Product Development [J]. European Journal of Innovation Management, 2004, 7 (2): 102—112.

[164] Akgun A. E., Lynn G. S., Yilmaz C. Learning Process in New Product Development Teams and Effects on Product Success: a Socio – cognitive Perspective [J]. Industrial Marketing Management, 2006, 35: 210—224.

[165] Porter M. E. The Competitive Advantage of Nations [M]. New York: Free Press, 1990.

[166] Wernerfelt B. AResourcee – based View of the Firm [J]. Strategic Management Journal, 1984, 5 (2): 171—180.

[167] Coase R. H. The Nature of Firm [J]. Economica, 1937, 4 (16): 386—405.

[168] Williamson. Markets and Hierarchies: Analysis and Antitrust Implications: A Study in the Economics of Internal Organization [M]. New York: Free Press, 2005.

[169] Conne K. R. A Historical Comparison of Resource – Based View and Five Schools of Thought within Industrial Organization Economics: Do We Have a New Theory of the Firm [J]. Journal of Management, 1991, 17 (1): 121—154.

[170] Mahoney J. T., Pandian J. R. The Resource – Based View Within the Conversation of Strategic Management [J]. Strategic Management Journal, 1992, 15 (5): 363—380.

[171] Barney J. B. Strategic Factor Markets: Expectations, Luck and Business Strategy [J]. Management Science, 1986, 32 (10): 1231—1241.

[172] Barney J. B. Organizational Culture: Can It be a Source of Sustained Competitive Advantage [J]. Academy of Management Review, 1986, 11 (3): 656—665.

[173] Barney J. B. Firm Resources and Sustained Competitive Advantage [J].

Journal of Management, 1991, 17 (1): 99—120.

[174] Conner K. R., Prahalad C. K. A Resource – Based Theory of the Firm: Knowledge versus Opportunism [J]. Organization Science, 1996, 7(5): 477—501.

[175] Makadok R. Toward a Synthesis of the Resource – Based View and Dynamic—Capability Views of Rent Creation [J]. Strategic Management Journal, 2001, 22 (5): 387—401.

[176] Grant R. M. The Resource – Based Theory of Competitive Advantage: Implications for Strategy Formulation [J]. California Management Review, 1991, 33(3): 114—135.

[177] Peteraf M. The Cornerstones of Competitive Advantage: A Resource Based View [J]. Strategic Management Journal, 1993, 14 (3): 179—191.

[178] Barney J. B., Wright P. M. On Becoming a Strategic Partner: the Role of Human Resources in Gaining Competitive Advantage [J]. Human Resource Management, 1998, 37 (1): 31—46.

[179] Teece D. J., Pisano G., Shuen A. Dynamic Capabilities and Strategic Management [J]. Strategic Management Journal, 1997, 18(7): 509—533.

[180] Newbert S. L. Empirical Research on the Resource – based View of the Firm: An Assessment and Suggestions for Future Research [J]. Strategic Management Journal, 2007, 28 (2): 121—146.

[181] Barney J. B., Wright M., Ketchen D. J. The Resource – based View of the Firm: Ten Years After 1991 [J]. Journal of Management, 2001, 27 (6): 625—641.

[182] Portes A. Social Capital: Its Origins and Applications in Modern Sociology [J]. Annual Review of Sociology, 1998, 24 (1): 1—24.

[183] Putnam R. D. Bowling Alone: The Collapse and Revival of American Community [J]. New York: Simon & Schuster, 2000.

[184] Bourdieu P. Distinction: A Social Critique of the Judgment of Taste [M]. London: Routledge, 1984.

[185] Putnam R. D., Feldstein L. M. Better Together: Restoring the American Community [M]. New York: Simon & Schuster, 2003.

［186］ Halpern D. Social Capital ［M］. Cambridge: Polity Press, 2005.

［187］ Koka B. R, Prescott J E. Strategic Alliances as Social Capital: A Multidimensional View ［J］. Strategic Management Journal, 2002, 23 (9): 795—816.

［188］ Mc Grath R. , Sparks W. Knowledge, Social Capital and Organizational Learning: The Impact of the Physical Environment on Innovation ［J］. International Journal of the Management, 2005, 5 (9): 125—129.

［189］ Putnam R. D. Making Democracy Work: Civic Traditions in Modern Italy ［M］. Princeton: Princeton University Press 1993.

［190］ Bourdieu P. Algeria: The Disenchantment of the World, the Sense of Honour, the Kabyle House or the World Reversed ［M］. New York: Cambridge University Press, 1970.

［191］ Lin N. , Cook K. S. , Burt R. S. Social Capital: Theory and Research ［M］. New York: Aldine de Gruyter, 2001.

［192］ Uzzi B. , Dunlap S. How to Build your Network ［J］. Harvard Business Review. 2005, 83 (12): 53—60, 151.

［193］ Fukuyama F. Trust: The Social Virtues and the Creation of Prosperity ［M］. New York: Free Press, 1995.

［194］ Hazleton V. , Kennan W. Social Capital: Reconceptualizing the Bottom Line ［J］. Corporate Communications: An International Journal, 2000, 5 (2), 81—86.

［195］ Boisot M. Information Space: A Framework for Learning in Organizations, Institutions and Culture ［M］. London: Routledge, 1995.

［196］ Ferragina E. Social Capital and Equality: Tocquevilles Legacy: Rethinking Social Capital in Relation with Income Inequalities ［J］. The Tocqueville Review/La Revue Tocqueville, 2010, 31 (1): 73—98.

［197］ Addicott R. , McGivern G. , Ferlie E. Networks, Organizational Learning and Knowledge Management: NHS Cancer Networks ［J］. Public Money & Management, 2006, 26 (2): 87—94.

［198］ Kim K. , Isenhour P. L. , Carroll J. M. , Rosson M. B. , Dunlap D. R. TeacherBridge: Knowledge Management in Communities of Practice ［A］. International Conference on Home Oriented Informatics and Telematics

[C], Irvine, California, 2003.

[199] Choo C. W., Bontis N. The Strategic Management of Intellectual Capital and Organizational Knowledge [M]. New York: Oxford University Press, 2002.

[200] Bray D. A. Knowledge Ecosystems: A Theoretical Lens for Organizations Confronting Hyperturbulent Environments [A]. Proceedings of the International Federation for Information Processing 8.6: Organizational Dynamics of Technology – Based Innovation [C]. Manchester, UK, 2007.

[201] Nanjappa A., Grant M. M. Constructing on Constructivism: The Role of Technology [J]. Electronic Journal for the Integration of Technology in Education, 2003, 2 (1): 38—55.

[202] Heifetz R. A., Laurie D. L. The Work of Leadership [J]. Harvard Business Review, 1997, 75 (1): 124—134.

[203] Allee V. Twelve Principles of Knowledge Management [J]. Training and Development, 1997, 51 (11): 71—74.

[204] Gates B. H. Business @ the Speed of Thought: Succeeding in the Digital Economy [M]. New York: Warner Business Books, 1999.

[205] Darroch J., McNaughton R. Examining the Link between Knowledge Management Practices and Types of Innovation [J]. Journal of Intellectual Capital, 2002, 3 (3): 210—222.

[206] Plessis M., Boon J. A. The Role of Knowledge Management in E – Business and Customer Relationship Management: South African Case Study Findings [J]. International Journal of Information Management, 2004, 24 (1): 73—86.

[207] Gloet M., Terziovski M. Exploring the Relationship between Knowledge Management Practices and Innovation Performance [J]. Journal of Manufacturing Technology Management, 2004, 15 (5): 402—409.

[208] Plessis M. The Role of Knowledge Management in Innovation [J]. Journal of Knowledge Management, 2007, 11 (4): 20—29.

[209] Schumpeter J. The Theory of Economic Development [M]. Cambridge, MA: Harvard University Press, 1934.

[210] John Enos. Invention and Innovation in the Petroleum Refining Industry

[A], in The Rate and Direction of Inventive Activity: Economic and Social Factors [M], edited by Universities – National Bureau, MA: University Microfirms Inc, 1962: 299—321.

[211] Davis L. E., North D. C., Smorodin C. Institutional Change and American Economic Growth [M]. Cambridge: Cambridge University Press, 1971.

[212] Dai Wanliang, Zhang Huiying. Rethinking of Innovation Value Evaluation Based on Innovation Ethics [C]. Proceeding of ICIII International Conference on Information Management, Innovation Management and Industrial Engineering, Kunming, China, 2010 (3): 464—467.

[213] Cabral R. Development, Science and Science Parks [A]. in The Oxford Companion to The History of Modern Science [M], J. Heilbron, ed., New York: Oxford University Press, 2003: 205—207.

[214] Cardinal L. B., Allessandri T. M., Turner S. F. Knowledge Codifiability, Resources, and Science based Innovation [J]. Journal of Knowledge Management, 2001, 5 (2): 195—204.

[215] Herkema S. A Complex Adaptive Perspective on Learning within Innovation projects [J]. The Learning Organization, 2003, 10 (6): 340—346.

[216] Capra F. The Tao of Physics: An Exploration of the Parallels Between Modern Physics and Eastern Mysticism [M]. Berkeley: Shambhala Publications, 1975.

[217] Anand V., Manz C. C., Glick W H. An Organizational Memory: Approach to Information Management [J]. The Academy of Management Review, 1998, 23 (4): 796—809.

[218] Hansen M. T., Nohria N., Tierney T. What's Your Strategy for Managing Knowledge [J]. Harvard Business Review, 1999 (3/4): 106—116.

[219] Dyer J., Nobeoka K. Creating and Managing a High – Performance Knowledge – Sharing Network: The Toyota Case [J]. Strategic Management Journal, 2000, 21 (3): 345—367.

[220] Koskinen K. U., Vanharanta H. The Role of Tacit Knowledge in Innovation Processes of Small Technology Companies [J]. International Journal of Production Economics, 2002, 80 (1): 57—64.

[221] Yang J. Knowledge Integration and Innovation: Securing New Product

Advantage in High Technology Industry [J]. Journal of High Technology Management Research, 2005, 16 (1): 121—135.

[222] Popadiuk S., Choo C. W. Innovation and Knowledge Creation: How are these Concepts Related [J]. International Journal of Information Management, 2006, 26 (4): 302—312.

[223] Vaccaro A., Parente R., Veloso F. Knowledge Management Tools, Inter – Organizational Relationships, Innovation and Firm Performance [J]. Technological Forecasting and Social Change, 2010, 77 (7): 1076—1089.

[224] Van Maanen J., Schein E. H. Toward of Theory of Organizational Socialization [J]. Research in Organizational Behavior, 1979, 1 (1): 209—264.

[225] Krackhardt D. Assessing the Political Landscape: Structure, Cognition, and Power in Organizations [J]. Administrative Science Quarterly, 1990, 35 (2): 342—369.

[226] Kogut B., Zander U. What Firms Do: Coordination, Identity, and Learning [J]. Organization Science, 1996, 7 (5): 502—515.

[227] Malecki E. J., Oinas P. Making Connections: Technological Learning and Regional Economic Change [M]. Aldershot, UK: Ashgate, 1999.

[228] Barney J. B., Hansen M. H. Trustworthiness as a Source of Competitive Advantage [J]. Strategic Management Journal, 1994, 15 (s1): 175—190.

[229] Gabarro J. J. The Development of Trust, Influence, and Expectations [A]. In A. G. Athos & J. J. Gabarro (Eds.), Interpersonal Behaviors: Communication and Understanding in Relationships [M]. Englewood Cliffs, NJ: Prentice – Hall, 1978.

[230] Nelson R. The Strength of Strong Ties: Social Networks and Intergroup Conflict in Organizations [J]. Academy of Management Journal, 1989, 32 (2): 377—401.

[231] Krackhardt D. The Strength of Strong ties: The Importance of Philos in Organizations [A]. In N. Nohria & R. G. Eccles (Eds.), Networks and organizations: Structure, form, and action [M]. Boston: Harvard Business

School Press, 1992.

[232] Davenport T. , Prusak L. Working Knowledge: How Organization Manage What They Know [M]. Boston: Harvard Business School Press, 1998.

[233] Bayona C. , García – Marco T. , Huerta E. Firms´ Motivation for Cooperative R&D: An Empirical Analysis of Spanish firms [J]. Research Policy, 2001, 30 (8): 1289—1307.

[234] Livin D. , Cross R. The Strength of Weak Ties You can Trust: The Mediating Role of Trust in Effective Knowledge Transfer [J]. Management Science, 2003, 50 (11): 1477—1490.

[235] Barber B. The Logic and Limits of Trust [M]. New Jersey: New Rutgers University Press, 1983.

[236] Aldrich H. E. , Fiol C. M. Fools Rush In? [A]. The Institutional Context of Industry Creation [M]. Academy of Management Review, 1994, 19 (4): 645—670.

[237] Zucker L. G. Production of Trust: Institutional Sources of Economic Structure, 1840—1920 [A]. In B. M. Staw & L. L. Cummings (Eds.), Research in Organizational Behavior [M]. Greenwich, CT: JAI Press, 1986.

[238] Lewicki R. J, Bunker B. B. Trust in Relationships: A Model of Development and Decline [A]. In B. B. Bunker and J. Z. Rubin (eds.), Conflict, Cooperation, and Justice: Essays Inspired by the Work of Morton Deutsch [M]. San Francisco: Jossey – Bass, 1995.

[239] Lewicki R. J. , Bunker B. B. Developing and Maintaining Trust in Work Relationships [A]. In R. Kramer and T. R. Tyler (eds.), Trust in Organizations: Frontiers of Theory and Research [M]. Thousand Oaks, Calif. : Sage, 1996.

[240] Kollock P. The Emergence of Exchange Structures: An Experimental Study of Uncertainty, Commitment, and Trust [J]. American Journal of Sociology, 1994, 100 (2): 313—345.

[241] Souder W. E. , Moenaert R. K. Integrating marketing and R&D Project Personnel within Innovation Projects: an Information Uncertainty Model [J]. Journal of Management Studies, 1992, 29 (4): 485—512.

[242] Larson A. Network Dyads in Entrepreneurial Settings: A Study of the Governance of Exchange Relationships [J]. Administrative Science Quarterly, 1992, 37 (1): 76—104.

[243] Burt R. S. Structural Holes: The Social Structure of Competition [M.] Cambridge, MA: Harvard University Press, 1992.

[244] Hansen M. T. The Search – Transfer Problem: The Role of Weak Ties in Sharing Knowledge across Organization Subunits [J]. Administrative Science Quarterly, 1999, 44 (1): 82—111.

[245] Ahuja G. Collaboration Networks, Structural Holes, and Innovation: A Longitudinal Study [J]. Administrative Science Quarterly, 2000, 45 (3): 425—455.

[246] Reagans R., Zuckerman E. W., McEvily B. How to Make the Team: Social Networks vs. Demography as Criteria for Designing Effective Teams [J]. Administrative Science Quarterly, 2004, 9 (1): 101—133.

[247] Madjar N. The Contributions of Different Groups of Individuals to Employees creativity [J]. Advances in Developing Human Resources, 2005, 7 (2): 182—206.

[248] Denison D. R., Neale W. S. Denison Organizational Culture Survey [M]. Ann Arbor: Aviat, 1996.

[249] Hotz – Hart B. Innovation Networks, Regions and Globalization [A]. in Clark G. L, Feldman M. P., Gertler M. S. The Oxford Handbook of Economic Geography [M]. Oxford: . Oxford University Press. 2000.

[250] Hogan R., Curphy G., Hogan J. What We Know about Leadership: Effectiveness and Personality [J]. American Psychologist, 1994, 49 (3): 493—504.

[251] Iansiti M., West J. Technology Integration: Turning Great Research into Great Products [J]. Harvard Business Review, 1997, 75 (3): 69—79.

[252] Yperen V., Nico W., Janssen O. Fatigued and Dissatisfied or Fatigued but Satisfied? Goal Orientations and Responses to High Job Demands [J]. Journal of Personal Selling & Sales Management, 2002, 45 (12): 1161—1171.

[253] Tiwana A. Do Bridging Ties Complement Strong Ties? An Empirical Examination of Alliance Ambidexterity [J]. Strategic Management Journal, 2008, 29 (3): 251—272.

[254] Argote L. , McEvily B. , Reagans R. Managing Knowledge in Organizations: An Integrative Framework and Review of Emerging Themes [J]. Management Science, 2003, 49 (4): 571—582.

[255] Fisher K. , Fisher M. D. The Distributed Mind: Achieving High Performance though the Collective Intelligence of Knowledge Work Teams [M]. New York: American Management Association, 1998.

[256] Davenport T. H. , Long D. W. , Beers M. C. Successful Knowledge Management Projects [J]. Sloan Management Review, 1998, 39 (2): 43—57.

[257] Ghoshal S. , Korine H. , Szulanski G. Interunit Communication in Multinational Corporations [J]. Management Science, 1994, 40 (1): 96—110.

[258] Von Hippel E. The Sources of Innovation [M]. New York: Oxford University Press, 1988.

[259] Marsden P. V. Network Data and Measurement [J]. Annual Review of Sociology, 1990, 16: 435—463.

[260] Elfring T. , Willem H. Networks in Entrepreneurship: The Case of High – Technology Firms [J]. Small Business Economics, 2003, 21 (4): 409—422.

[261] Reagans R. , McEvily B. Network Structure and Knowledge Transfer: The Effects of Cohesion and Range [J]. Administrative Science Quarterly, 2003, 48 (2): 240—267.

[262] Kang S. C. , Morris S. S. , Snell S. A. Relational Archetypes, Organizational Learning, and Value Creation: Extending the Human Resource Architecture [J]. Academy of Management Review, 2007, 32 (1), 236—256.

[263] Easterby – Smith M. , Lyles M. A. , Tsang E. W. K. Inter – Organizational Knowledge Transfer: Current Themes and Future Prospects [J]. Journal of Management Studies, 2008, 45 (4): 677—690.

［264］Hardy C. , Phillips N. , Lawrence T. B. Resource, Knowledge and Influence: The Organizational Effects of Inter – organizational Collaboration ［J］. Journal of Management Studies, 2003, 40（2）: 321—347.

［265］McFadyen M. A. , Cannella A. A. Social Capital and Knowledge Creation: Diminishing Return of the Number and Strength of Exchange Relationships ［J］. Academy of Management Journal, 2004, 47（5）: 735—746.

［266］Smith K. G. , Collins C. J. , Clark K. D. Existing Knowledge, Knowledge Creation Capability, and the Rate of New Product Introduction in High-technology Firms ［J］. Academy of Management Journal 2005, 48（2）: 346—357.

［267］Von Hippel E. Cooperation between Rivals: Informal Know – How Trading ［J］. Research Policy, 1987, 16（6）: 291—302.

［268］Hamel G. , Doz Y. L. , Prahalad C. K. Collaborate with Your Competitors and Win ［J］. Harvard Business Review, 1989, 67（1）: 133—139.

［269］Cohen W. M. , Levinthal D. A. Absorptive Capacity: A New Perspective On Learning And Innovation ［J］. Administrative Science Quarterly. 1990, 35（1）: 128—152.

［270］Moorman C. , Miner A. S. Organizational Improvisation and Organizational Memory ［J］. Acad Manage Rev, 1998, 23（4）: 698—723.

［271］Lane P. J. , Lubatkin M. Relative Absorptive Capacity and Interorganizational Learning ［J］. Strategic Management Journal, 1998, 19（5）, 461—477.

［272］Delong D. W. , Fahey L. Diagnosing Cultural Barriers to Knowledge management ［J］. Academy of Management Executive, 2000, 14（4）: 113—127.

［273］Becerra – Fernandez I, Sabherwal R. Organizational Knowledge Management: A Contingent Perspective ［J］. Journal of Management Information Systems, 2001, 18（1）: 23—55.

［274］Cummings J. L. , Teng B. S. Transferring R&D Knowledge: The Key Factors Affecting Knowledge Transfer Success ［J］. Journal of Engineering and Technology Management, 2003, 20（1—2）: 39—68.

［275］Shawver L. On Wittgenstein's Concept of a Language Game ［DB/OL］.

[2003—8—18]. http：//www. california1com/%7Erathbone/word. html.

[276] Mohammed S. , Dumville B. C. Team Mental Models in a Team Knowledge Framework: Expanding Theory and Measurement Across Disciplinary Boundaries [J]. Journal of Organizational Behavior, 2001, 22 (2): 89—106.

[277] Hayes N. , Walsham G. Safe Enclaves, Political Pnclaves and Knowledge Working. in Work Knowledge, Knowledge Management; Critical Discussion of Work, Knowledge and Learning, (eds) Chumer M, Hull R, Pritchard C and Willmott H, Macmillan, London, 2000.

[278] Rolland N. , Chauvel D. Knowledge Transfer in Strategic Alliances. In Despres C, Chauvel D (Eds.) . Knowledge Horizons: The Present and the Promise of Knowledge Management, Boston, MA: Butterworth Heinemann, 2000.

[279] Howells J. R. L. Knowledge, Innovation and Location. In Bryson J. R. , Daniels P. W. , Henry N. , Pollard J. (Eds), Knowledge, Space, Economy. London: Routledge, 2000.

[280] Boiral O. Tacit Knowledge and Environmental Management [J]. Long Range Planning, 2002, 35 (3): 291—317.

[281] Levin D. Z. , Cross R. , Abrams L. C. , Lesser E. L. Trust and Knowledge Sharing: A Critical Combination [C]. IBM Institute for Knowledge – Based Organizations White Paper, 2002.

[282] Carayannis E. G. , Preston A. , Awerbuch S. Technological Learning, Architectural Innovation and the Virtual Utility Concept [J]. International Conference on Engineering and Technology Management, IEEE Engineering Management Society , Vancouver, Canada, 1996, (96): 94—105.

[283] Faulkner W. Conceptualizing Knowledge Used in Innovation: A Second Look at the Science – technology Distinction and Industrial Innovation [J]. Science, Technology and Human Values, 1994, 19 (4): 425—458.

[284] Myers S. , Marquis D. G. Successful Industrial Innovations [M]. Washington: National Science Foundation, 1969.

[285] Goldhar J. D. , Bragaw L. K. , Schwartz J. J. Information Flows, Management Styles, and Technological Innovation [J]. IEEE Transactions on

Engineering Management, 1976, 23 (1): 51—62.

[286] Monge P. P., Cozzens M. D., Contractor N. S. Communication and Motivational Predictors of the Dynamics of Organizational Innovation [J]. Organization Science, 1992, 3 (2): 250—274.

[287] Allen T. Managing the Flow of Technology [M]. Cambridge, MA: MIT Press, 1977.

[288] Leonard—Barton D. Core Capabilities and Core Rigidities: A Paradox in Mananging New Product Development [J]. Strategic Management Journal, 1992, 13 (1): 111—125.

[289] Hansen M. T. Knowledge Networks: Explaining Effective Knowledge Sharing in Multiunit Companies [J]. Organization Science, 2002, 13 (3): 232—248.

[290] Von Krogh G. Care in Knowledge Creation [J]. California Management Review, 1998, 100 (3): 133—153.

[291] Gerybadze A., Reger G. Globalization of R&D: Recent Changes in the Management of Innovation in Transnational Corporations [J]. Research Policy, 1999, 28 (2—3): 251—274.

[292] Taylor W. A., Wright G. H. Organizational Readiness for Successful Knowledge Sharing: Challenges for Public Sector Managers [J]. Information Resources Management Journal, 2004, 17 (2): 22—37.

[293] Roper S., Du J., Love J. H. Modelling the Innovation Value Chain [J]. Research Policy, 2008, 37 (6—7): 961—977.

[294] Nonaka I., Byosiere P., Borucki C. C., Konno N. Organizational Knowledge Creation Theory: A First Comprehensive Test [J]. International Business Review, 1994, 3 (4): 337—351.

[295] Lee H., Choi B. Knowledge Management Enablers, Processes, and Organizational Performance: An Integrative View and Empirical Examination [J]. Journal of Management Information Systems, 2003, 20 (1): 179—228.

[296] Sabherwal R., Becerra – Fernandez I. An Empirical Study of the Effect of Knowledge Management Processes at Individual, Group, and Organizational Levels [J]. Decision Science, 2003, 34 (2): 225—260.

[297] Churchill G. A. A Paradigm for Developing Better Measures of Marketing Constructs [J]. Journal of Marketing Research, 1979, 16 (2): 64—73.

[298] Smith A. M. Some Problems when Adopting Churchill's Paradigm for the Development of Service Quality Measurement Scales [J]. Journal of Business Research, 1999, 46 (2): 109—120.

[299] Schumacker R. E, Lomax R. G. A Beginner's Guide to Structural Equation Modeling [M]. Mahwah, New Jersey: Lawrence Erlbaum Associates, 1996.

[300] Kline R. B. Principles and Practice of Structural Equation Modeling (3 ed) [M]. New York: Guiford Press, 2010.

[301] Bentle P. M., Chou C. P. Practical Issues in Structural Modeling [J]. Sociological Methods and Research, 1987, 16 (1): 78—117.

[302] Byrne B. M. Structural Equation Modeling with LISREL, PRELIS and SIMPLIS: Basic Concepts, Applications and Programming [M]. Mahwah, New Jersey: Lawrence Erlbaum Associates, 1998.

[303] Carmines E. G., McIver J. P. Analysing Models with Unobservable Variables. In G. W. Bohrnstedt and E. E. Borgatta (eds.), Social Measurement Current Issues. Beverly Hills, CA: Sage, 1981: 65—115.

[304] Browne M. W., Cudeck R. Alternative Ways of Assessing Model Fit. In K. A. Bollen & J. S. Long (eds.), Testing Structural Equation Models. Newbury Park, CA: Sage, 1993: 136—162.

[305] Bollen K. A., Long S. L. Testing Structural Equation Modeling [M]. Newbury, UK: Sage Publication, 1993.

[306] Fornell C., Larcker D. F. Structural Equation Models with Unobservable Variables and Measurement Error: Algebra and Statistics [J]. Journal of Marketing Reseaech, 1981, 18 (3): 382—388.

[307] James L. R., Brett J. M. Mediators, Moderators and Tests for Mediation [J]. Journal of Applied Psychology, 1984, 69 (2): 307—321.

[308] Hyman H. H. Survey Design and Analysis [M]. New York: The Free Press, 1955.

[309] Baron R. M., Kenny D. A. The Moderator – mediator Variable Distinction in Social Psychological Research: Conceptual, Strategic and Statistical

Considerations [J]. Journal of Personality and Social Psychology, 1986, 51 (12): 1173—1182.

[310] Judd C. M., Kenny D. A. Process Analysis: Estimating Mediation in Treatment Evaluations [J]. Evaluation Review, 1981, 5 (5): 602—619.

[311] Mackinnon D. P., Lockwood C. M., Hoffman J M, West S G, Sheets V. A Comparison of Methods to Test Mediation and Other Intervening Variable Effects [J]. Psychological Methods, 2002, 7 (1): 83—104.

[312] Clogg C. C., Petkova E., Shihadeh E S. Statistical Methods for Analyzing Collapsibility in Regression Models [J]. Journal of Educational Statistics, 1992, 17 (1): 51—74.

[313] Freedman L. S., Schatzkin A. Sample Size for Studying Intermediate Endpoints within Intervention Trails or Observational Studies [J]. American Journal of Epidemiology, 1992, 136 (11): 1148—1159.

[314] Guilford J. P. The Nature of Human Intelligence [M]. New York: McGraw—Hill, 1967.

[315] Arrow K. J. The Limits of Organization [J]. Review of Economic Studies, 1962, 29 (3): 155—173.

跋

一个人一生要作出诸多选择。在几年前，当我毅然选择科研工作作为自己终身奋斗的事业时，我万没想到这条路上充满了如此之多的荆棘与坎坷。困惑过，迷茫过，失落过，伤心过……但从未后悔过！直至今日今时，我仍执着于自己的这份选择，虽然有时会略感疲惫。很庆幸，我一直在为自己的梦想而努力的路上执着前行。

本书是在我的博士毕业论文基础上修改完成的。创新是推动一个国家和民族向前发展的重要力量，也是推动整个人类社会向前发展的重要力量。从硕士研究生入学之际，便萌发了对创新问题的兴趣。在导师蒋国平教授的指引下，在翻阅了三大纸箱的专业著作之后，便开始了我的主要科研方向的研究。博士入学之后，我的导师张慧颖教授鼓励我对创新与组织行为的关系进行深入挖掘。每日都在查找文献、阅读文献和文献交流中度过。可以说，博士毕业论文倾注了我博士三年大部分心血。能够成书出版，是完成博士毕业论文那一刻的第一个念头。

毕业工作以后，教学、科研、结婚、生子，对于一个刚刚走出象牙塔的"青椒"来说，时间显得很不够用。有幸的是，渤海大学管理学院各位领导为教师着想，从时间和资金上为个人出版专著提供了大力支持。可以说，该书的出版是渤海大学管理学院帮我圆了一个梦。

关于本书的内容，在此不再赘述，前面的冗长篇幅应能阐释大概。虽然笔者尽力用通俗易懂的文字加以描述，但毕竟讨论的是学术问题，有些文字难免过于晦涩。同时，由于水平有限，各种错误在所难免，还请各位学者同行多多包涵，也欢迎各位学者多多批评指正。

要感谢的人太多。感谢我的导师，你们是我科研道路上的灯塔；感谢渤海大学管理学院，为我在科研道路上探索提供了如此之好的氛围与条件；感谢金彦龙院长、靖飞副院长、李庆满副院长、张征超副院长和王乐博士、王月博士、王春杰博士、李超博士，为本书的出版提供了无私帮助；感谢中国社会科学出版社的田文老师，没有她的细心与帮助本书无法顺利出版；感谢中国社会科学出版社的其他老师，校对工作的难度可想而知，感谢你们辛勤的付出；感谢致力于创新研究的各位学者同行，你们的研究成果是我汲取不尽的营养。

特别要感谢我的家人——我的父母、岳父岳母、妹妹、爱人及刚刚出生的小宝宝，感谢你们默默的支持与付出。你们是我最大的幸福！

路漫漫其修远兮，吾将上下而求索。

共勉！

2015 年 5 月于听林湖畔